高等职业教育汽车类专业创新教材

汽车服务总论

主　编　裘文才
副主编　冯　潇　刘美林

机械工业出版社
CHINA MACHINE PRESS

本书根据汽车产业价值链的服务分类，全面介绍了汽车后市场服务的本质特点及其所含的各类服务，包括汽车物流服务、汽车整车营销服务、汽车售后与维修服务、汽车金融服务、汽车网络营销服务、汽车二手车服务、汽车配件与用品服务、汽车媒体服务、汽车回收再生服务、汽车文化服务、汽车其他服务等各类服务，目的在于使汽车营销服务专业的学生通过本书的学习，能从更加广泛的视角理解汽车服务专业的丰富内涵、职业机会、岗位需求以及所需的专业知识和职业素养。

本书可以作为汽车专业所有技术服务与非技术服务方向学生的通用教材，通过学习理解汽车服务的丰富内涵和职业前景，培养自己的专业兴趣、服务意识和职业适应能力。本书也可以作为从事汽车营销、服务类岗位工作人员的职业能力提升学习材料，以及汽车行业营销、服务类岗位新进员工的培训教材。

本书配备教学课件，选用本书作为教材的教师可在机械工业出版社教育服务网（www.cmpedu.com）注册后免费下载，或添加客服人员微信13070116286获取。

图书在版编目（CIP）数据

汽车服务总论 / 裘文才主编. — 北京：机械工业出版社，2021.3
高等职业教育汽车类专业创新教材
ISBN 978-7-111-67878-6

Ⅰ.①汽… Ⅱ.①裘… Ⅲ.①汽车工业—销售管理—商业服务—高等职业教育—教材 Ⅳ.①F407.471.5

中国版本图书馆CIP数据核字（2021）第057162号

机械工业出版社（北京市百万庄大街22号　邮政编码100037）
策划编辑：齐福江　　　　责任编辑：齐福江
责任校对：张　力　　　　封面设计：张　静
责任印制：常天培

北京机工印刷厂印刷

2021年9月第1版第1次印刷
184mm×260mm · 14.5印张 · 328千字
0001—1500册
标准书号：ISBN 978-7-111-67878-6
定价：49.00元

电话服务　　　　　　　　　　网络服务
客服电话：010-88361066　　　机 工 官 网：www.cmpbook.com
　　　　　010-88379833　　　机 工 官 博：weibo.com/cmp1952
　　　　　010-68326294　　　金 书 网：www.golden-book.com
封底无防伪标均为盗版　　　机工教育服务网：www.cmpedu.com

中国汽车产业经过 20 多年时间的快速增长，已经进入一个新常态。所谓"新常态"是指现阶段出现的新现象、新问题、新规律，在外部环境和内部条件发生变化的情况下所面临的新情况，主要表现在：汽车销量的增速由百分之几十的增长，进入低增长；靠引进技术来发展的路线，转变为创新驱动和引进并重的路线；在电动化、信息化、智能化等方面和世界同步发展；汽车行业的环境治理、行业管理、产品准入、项目管理进入了法制化的轨道；考虑到资源、能源、环境、交通的约束，汽车产业不再单纯追求数量，而是强调创新驱动、智能转型、绿色发展、科学发展、协同发展；在营销领域以用户利益优先为导向；互联网、人工智能对于汽车产品销售、使用、售后服务的影响日益加深，市场竞争的特点在汽车领域越发明显。

由于智能网联技术对汽车产业的深刻影响，汽车整车企业已经不再是唯一的制造中心。上游零部件供应商以整车企业为核心、下游汽车销售环节受整车企业把控的局面已成为过去，整车企业在汽车产业链上的核心地位正在受到严重冲击。互联网企业、人工智能企业、芯片公司、传感器公司、地图公司、云服务公司、创业公司、汽车技术研究机构，以及新造车势力对汽车企业的渗透、合作与挑战，打破了传统汽车产业的生产方式和销售模式。

汽车产业的主要变化从整车企业来看，主要表现在汽车技术的重心从内燃机过渡到电子控制、车联网和大数据。汽车整车企业正在从传统制造商向综合性解决方案、数据和服务提供商逐步转型。汽车将会逐渐变成服务驾乘者的载体，软件以及服务型技术和应用比重将大大增加。从汽车后市场服务企业来看，经营者对新技术产品和智能网联技术的理解，以及如何应用好互联网工具及各类新媒体，为消费者提供更为便捷的购车、用车服务成为必须研究的新课题。互联网技术和人工智能延伸了汽车产业价值链。一句话，未来的整车制造企业和汽车后市场服务商的真正价值，将更多地反映在为消费者提供的出行服务上。

在汽车智能网联时代，汽车后市场服务也出现了一系列新特点。这些特点主要表现在：低成本与差异化并举已经成为汽车服务商必须遵循的战略原则；汽车市场的低速增长和低利润正在成为常态；品牌集中化趋势正在替代品牌多元化；在产品上，时尚化、个性化、运动化高于高性价比，价格价值化已经到来；汽车服务的业态，出现了星级化与多元化并存、实体化与虚拟化交错的新局面；汽车服务线上线下相结合的O2O模式已经成为行业主流，各种崭新的汽车销售服务模式层出不穷；汽车服务渠道深度化正在成为现实，汽车销售服务商单打独斗的时代已经过去，跨界合作、建立和谐的渠道联盟成为必然；消费者消费升级，推动着汽车销售服务商营销观念的变革，体验营销、感动营销、满意服务正成为汽车经销商、服务商的自觉行动；在汽车产品与服务产品的推广上，个性化、游戏化成为主流，策划已经成为汽车销售服务商的决胜武器；全方位、延伸性服务大行其道，汽车咨询服务先于销售行为已经成为常态；全产业链均衡发展，二手车、汽车金融、汽车全价值链服务的作用日益凸显，汽车价值链条中每一节点的人才需求都在向高级化、职业化的方向发展。

在这种形势下，汽车职业教育必须与时俱进。由于人才需求结构的变化，一定会带来职业教育专业设置、专业内涵的相应变化，汽车专业的转型升级以及新专业建设势在必行。如何为国家的经济社会发展培养适合时代特点的高层次、复合型、跨专业的汽车服务人才？汽车专业教育必须与汽车后市场人才培养的理念相融合。为了提高学生的实践能力、创新能力，原有的汽车营销专业必须拓宽专业内涵。传统的汽车教育关于互联网、智能网联、大数据、新媒体等技术的研究与应用存在着显著不足。为了改变这一现状，汽车营销与服务专业教育，必须更多地研究新兴科技、交叉领域的知识与技术，并通过有效的教学活动，提升学生应用新技术、新媒体的能力。

本教材作为汽车营销与服务专业的配套教材，对汽车后市场服务的各个领域在智能网联时代的基本任务和发展现状进行了简要介绍，内容覆盖整个汽车后市场营销与服务价值链，强调了互联网技术在汽车后市场服务中的应用，更加突出了汽车营销和服务中营销服务与网络相结合的价值。

为减轻学生负担，保证专业重点课程的时间安排，建议精减与其重复的汽车后市场其他分类教材，目的在于让学生用更短的时间，对汽车后市场服务的整体价值和职业前景有所了解，并确立学好汽车营销与服务专业的信心。

本教材由汽车营销领域研究员级高级工程师裘文才先生担任主编，宁波镇海职教中心冯潇和青岛交通职业学校刘美林担任副主编，重庆工业职业技术学院白云、青岛交通职业学校乔刚、深圳市宝安职业技术学校张隽、湖南汽车工程职业学院林鉴参与了本书的编写。

本教材在教学中强调与学生的自适应学习相结合，倡导学生课前课后利用互联网工具的自主学习。为了保证学生自适应学习的效果，教师应当破除"我讲你听"的传统教学方式，用心为学生提供相应的学习环境、实例或场景，指导学生在学习中学会发现问题，并通过师生互动进行深入讨论，自主解决问题。

建议在本教材的教学中，充分运用以大数据为支撑的平台技术，鼓励学生通过互联网进行学习资源、教学资源共享。由于自适应学习平台具有大数据分析功能，可以通过考试了解学生的学习状况，为教师改进教学方法、学生发现知识盲点提供数据支持。自适应学习平台还可以为学生改进学习方法提供有效支持，为教师资源共享、备课、考试、评价、学习管理提供平台支持。

本教材教学内容的考核，建议采用作业、任务讨论、方案制作、面试与笔试相结合的方式进行，切忌死记硬背，重在提升能力。

编　者

目录
Contents

**第十二章
汽车其他服务**

参考文献

第一章
汽车服务概述

汽车是一种特殊的商品，由于其复杂的特性，汽车服务的涵盖范围极其广泛，因此要做好汽车服务是一项系统工程。研究汽车服务这一系统工程，必须从汽车服务的整体出发，理解汽车服务的本质含义，理解汽车商品的特殊性质，根据汽车用户对汽车购买、使用、维护、置换、处理各个阶段的实际需要，综合应用自然科学和社会科学中有关的思想、理论和方法，利用互联网工具和客户关系管理系统的信息，从技术服务和非技术服务两个方面，规划、设计最优的服务策略和管理方法。因为只有这样，才能保障汽车用户的需求和利益得到充分满足，并提升汽车服务企业的竞争能力和盈利水平。

教学目的

通过本章学习，懂得汽车服务是一项系统工程；懂得汽车服务的本质含义；熟悉汽车服务的分类与基本内容；了解我国汽车服务市场面临的机会与挑战；熟悉汽车服务运营和质量管理的系统模型和关键要点。

教学要求

通过自学、课堂教学和综合练习，系统了解汽车服务概念，理解汽车服务的一般分类与基本内容，理解我国汽车服务的市场机会和激烈竞争，熟悉汽车服务运营和质量管理模型，并能够初步掌握它的结构和应用技术。

第一节　从系统的意义上认识汽车服务

一、汽车的定义与变化

1. 变动的汽车定义

汽车是世界现代文明的产物，自从卡尔·奔茨发明了具有现代意义的汽车以来，随着汽车产业的迅速发展，汽车的定义也逐步完善，随着科技进步和汽车工业的不断发展，更使汽车的定义发生了深刻变化。

2. 汽车的一般定义

美国对汽车的定义是：由本身动力驱动，装有驾驶装置，能在固定轨道以外的道路或地域上运送客货或牵引车辆的车辆。

日本对汽车的定义是：自身装有发动机和操作装置，不依靠固定轨道和架线，能在陆上行驶的车辆。

我国《现代汉语词典》对汽车的解释：一种交通工具，用内燃机做发动机，主要在公路上或马路上行驶，通常有四个或四个以上的轮子。

我国国家标准 GB／T 37301—2001《汽车和挂车类型的术语和定义》中则定义：汽车是由动力装置驱动，具有 4 个或 4 个以上车轮的非轨道的车辆。

3. 汽车的新定义

汽车的定义随着科学技术的进步正在被不断更新和丰富。当今世界，汽车产业正面临能源、互联、智能为核心的三大革命，电池、电机、电控将逐步成为汽车的核心技术，互联网＋成为必然趋势，"云""管""端"和智能技术正成为汽车新的核心技术。

未来的汽车绝不仅仅是简单的移动工具，将成为移动的智能终端、移动的电源；未来汽车制造也将向汽车智造升级，由人驾驶汽车向车辆自动驾驶转变，共享使用的汽车拥有方式将成为可能。所有这些变化都会使汽车的定义发生新的变化，时代正以崭新的方式改写汽车的定义。

汽车正从交通工具转变为大型移动智能终端、储能单元和数字空间。在这一空间，乘员、车辆、货物运营平台与基础设施等将实现智能互联和数据共享。汽车又一次成为人类提升能力、创造新生活、超越自我、不可替代的伟大机器。

（1）汽车是大型移动智能终端

汽车向智能网联方向的转变，吸引着众多互联网、人工智能、芯片、传感器、地图、云服务技术研发与生产企业，以及相关研究机构、创业企业、新造车势力向传统汽车行业的渗透，打破了传统汽车产业的生产方式和销售模式。作为大型移动智能终端的新型汽车的出现，意味着汽车产业必将发生颠覆性的改变。

（2）汽车是储能单元

能源的储能单元在能源产业变革中的重要性，不亚于能源的生产。如果汽车成为能源生产过程中的重要力量，汽车业将永远是朝阳产业。

（3）汽车是数字空间

未来汽车的驾驶空间将是一个数字空间，这一数字空间将与办公室、安全出行、自动驾驶、休闲娱乐等功能有机地融为一体。

（4）汽车是智能互联媒介

在智能网联汽车中，乘员是汽车智能互联媒介的核心，车辆是智能互联媒介的承载实体，货物是智能互联媒介的外来信息源，运营平台是智能互联媒介的数据连接中枢。

二、汽车服务的特殊性质

1.服务

服务是指为集体、个人的利益或为某种事业而工作。服务不是以实物形式而是以提供劳动的形式满足他人的某种特殊需要，并使他人从中受益。服务可以是有偿的，也可以是无偿的，涉及的形式包括为顾客提供有形产品所进行的活动，也包括为顾客提供无形产品所进行的活动。

2.服务行业

服务行业是指为人服务，使人在生活上得到方便的行业。整个汽车后市场的各类服务企业，都属于服务行业的一部分。生产型企业同样必须强化服务，必须自觉实现自己由生产制造向生产服务商的转变。

3.服务的本质

服务的本质是满足被服务人的需求，并使其满意。服务满意是指被服务人的所得超过他心理期待。

4.汽车服务的特殊性

汽车服务是一种特殊的服务工作，既要向消费者提供能够感知的质量，又要提供能够体验的质量，还要提供可以被信任的质量（图1-1），因而具有特殊性。

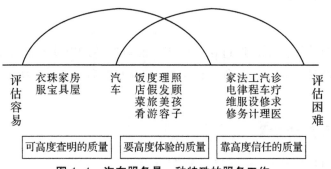

图1-1　汽车服务是一种特殊的服务工作

汽车服务的特殊性质要求汽车服务必须将客户的需求，亦即客户希望得到的利益作为自己工作的出发点，通过服务过程，追求客户需求的满足、期望利益的实现。汽车服务企业只有做好汽车服务的各项工作，才能达成自己的经营目标。

5.汽车网络服务

汽车网络服务是指在汽车智能网联条件下，运用互联网工具，开展汽车后市场服务，营造客户满意，实现汽车后市场所有服务活动价值的总称。

三、汽车服务的定义及研究对象

汽车服务以汽车为载体。汽车服务有广义和狭义之分。

1.广义的汽车服务

广义的汽车服务包括围绕汽车制造前和制造后的各类服务。汽车制造前的服务，即汽车前市场服务，包括：消费者行为研究、市场调查及预测、汽车信息服务、汽车智能网联服务、产品研发、设计外包、产品测试、产品认证等服务。汽车制造后的服务，即汽车后市场服务是指围绕实现汽车后市场价值链中各环节需要提供的各类服务。

2.狭义的汽车服务

狭义的汽车服务专指汽车后市场服务。汽车后市场服务包括：汽车物流配送服务、汽车市场营销服务、汽车网络服务、汽车媒体服务、汽车售后服务、汽车维修检测服务、汽车美容装饰与改装服务、汽车配件与精品服务、汽车金融服务、汽车定损理赔服务、二手车经营服务、汽车信息资讯服务、汽车再生服务等各类服务。

3.汽车服务课程的研究对象

汽车服务课程主要研究狭义的汽车服务，即新车从出厂后进入流通、销售、购买、使用，直至报废回收各个环节、各类服务工作组成的有机服务体系。

四、汽车服务工程

1.工程

工程是科学的某种应用，通过这一应用，使自然界的物质和能源的特性能够通过各种结构、机器、产品、系统和过程，以最短的时间和精而少的人力做出高效、可靠且对人类有用的产品。

2.狭义工程和广义工程

（1）狭义工程

就狭义而言，工程定义为"以某组设想的目标为依据，应用有关的科学知识和技术手段，通过一群人的有组织活动将某个或某些现有实体，包括自然的或人造的，转化为具有预期使用价值的人造产品的过程。"

（2）广义工程

就广义而言，工程定义为由一群人为达到某种目的，在一个较长时间周期内进行协作活动的过程。

3. 系统工程与汽车服务工程

（1）系统工程

系统工程是运用系统思想直接改造客观世界的一大类工程技术的总称。系统是由互相关联、互相制约、互相作用的若干组成部分构成的具有某种功能的有机整体。

（2）汽车服务工程

汽车是一种特殊的商品，由于其复杂的特性，汽车服务的涵盖范围极其广泛，且相互关联、相互制约，因而是一项系统工程，则称为汽车服务工程。

第二节　汽车服务的分类与基本内容

一、汽车服务的分类

1. 汽车服务产业链

汽车服务产业链由汽车前市场和后市场两大部分构成。汽车前市场服务涵盖围绕整车生产所需的各类服务，汽车后市场服务包括汽车物流、汽车营销、汽车金融、汽车电子商务等汽车核心服务，以及汽车售后服务、汽车置换和二手车、汽车维修保养、汽车租赁等附加服务（图1-2）。

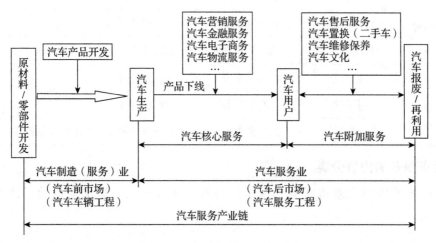

图1-2　汽车服务产业链基本框架

2.汽车服务的类型分类

汽车服务可以从服务的技术密集程度、资金的密集程度、知识的密集程度、服务的作业特性、服务的载体特性、服务的内容特征、服务的专业特征等不同角度加以分类（表1-1）。

表1-1   汽车服务的类型分类

分　类		举　例
按技术的密集程度分类	技术型服务	维修、安装、调试，以及技术咨询、技术指导、技术培训等服务
	非技术型服务	在客户接待、咨询沟通、服务交接等服务过程中为客户提供的各种服务
按资金的密集程度分类	金融类服务	消费信贷服务、融资租赁服务、汽车保险服务、分期付款服务等
	非金融类服务	信息服务、咨询服务、代办服务等
按知识的密集程度分类	知识密集型服务	售后服务、维修检测服务、信息咨询服务、网络服务、媒体服务、二手车评估服务、广告设计服务等
	劳务密集型服务	物流服务、拆车服务、会展服务等
按服务的作业特性分类	生产作业型服务	维修服务、美容装饰服务、二手车整备服务等
	交易经营型服务	整车销售服务、二手车交易服务、汽车配件销售服务等
按服务的载体特性分类	物质载体型服务	汽车物流服务、废旧汽车拆解服务等
	非物质载体型服务	消费文化服务、客户俱乐部服务等
按服务的内容特征分类	销售服务	新车销售服务、二手车交易服务等
	维修服务	汽车维修服务、汽车检测服务等
	使用服务	汽车救援服务、汽车信息服务、汽车共享服务等
	延伸服务	汽车法律服务、汽车文化服务等
按服务的专业特征分类	专业服务	汽车销售服务、汽车维修服务等
	跨专业服务	新能源电池更换服务、充电桩服务、智能网联服务等

3.汽车服务的内容分类

汽车服务的内容大致可以分为汽车核心服务项目和汽车追加服务项目两大类，如图1-3所示。

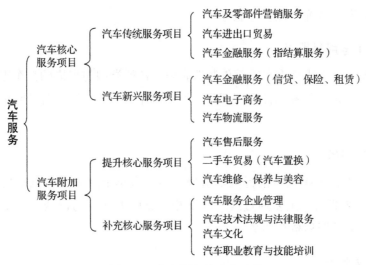

图1-3　汽车服务的内容分类

二、汽车服务的基本内容

汽车服务的内容极为丰富，包括：

1. 汽车物流服务

汽车物流的服务主体是汽车制造厂自身或委托安排的汽车物流企业，主要为各类经销商提供汽车及配套产品运输、仓储、保管、配送、物流信息服务。

2. 汽车销售服务

汽车销售的服务主体包括汽车品牌4S店、汽车有形市场、汽车电子商务企业、汽车超市、汽车自动贩卖、汽车综合经销商等各类经销商实体，主要为消费者提供产品信息咨询，线上与线下相结合的购车、用车的各类手续服务和代办服务。

3. 汽车售后服务

汽车售后服务的主体包括汽车制造企业售后服务保障部门、关键汽车零部件供货企业售后服务部门，以及相关汽车经销商和各类汽车服务商，主要为消费者提供汽车质量保证服务、汽车保养与维修等技术服务。

4. 汽车维修检测服务

汽车维修检测服务的主体是具有合法资质的汽车维修企业和检测机构，主要为消费者提供汽车检测、故障诊断、汽车维修等服务。

5. 汽车美容与装饰服务

汽车美容与装饰服务的主体主要是汽车美容装饰、汽车改装企业，主要为消费者提供汽车清洗、美容、装饰、改装等服务。

6. 汽车配件与用品服务

汽车配件服务的主体是汽车零部件制造企业、各种类型与规模的汽车零部件供应商，以及汽车营销与服务企业零部件管理部门，主要为消费者提供各类汽车零部件咨询、销售、安装及质量保证服务。

7. 汽车金融服务

汽车金融服务的主体包括银行汽车信贷部门、汽车金融公司、汽车财务公司及汽车经销商的金融服务部门，主要通过线上线下相结合的方式，为消费者提供分期付款、汽车消费信贷、汽车融资租赁等服务。

8. 汽车保险服务

汽车保险服务的主体是汽车保险公司及其代理机构，主要为消费者提供汽车保险、理赔等服务。

9. 汽车定损理赔服务

汽车定损理赔服务的主体是保险公司、公估行、汽车事故鉴定机构，主要为消费者提供事故现场勘察、事故责任鉴定、事故损失估算和理赔服务。

10. 二手车经营服务

二手车经营服务的服务主体是二手车交易市场、二手车鉴定评估机构、二手车经营企业、二手车经纪公司、二手车拍卖行、二手车电子商务相关机构和个人，主要为消费者提供二手车交易合法性确认、二手车技术鉴定、二手车价值评估、二手车整备、二手车交易中介、二手车交易手续代理等相关服务。

11. 汽车网络服务

汽车网络服务的服务主体包括互联网媒体、门户网站、搜索引擎、汽车垂直媒体、电子商务企业、经销商官网、移动互联网平台，主要为经销商和消费者提供汽车品牌推广、产品与服务信息传播、网上沟通、网上集客等服务。

12. 新能源汽车配套服务

新能源汽车配套服务的主体包括供电企业、汽车生产企业、汽车经销商、汽车电池和电机及电控等部件生产企业、充电桩生产经营企业等，主要为消费者提供产品质保、车辆保养和维修、充电桩安装及管理、电池更换和后续处理等服务。

13. 汽车信息咨询服务

汽车信息咨询服务的服务主体主要包括汽车咨询机构、汽车技术研究机构、汽车行业组织、政府统计机构、互联网企业、数据分析处理机构等，主要为汽车制造企业、汽车零部件企业、相关研究机构、汽车经销商提供市场调研、市场分析、行业趋势分析、数据统计分析、竞争力评价，以及汽车企业发展等信息咨询服务。

14. 智能网联汽车配套服务

智能网联汽车配套服务的服务主体主要包括智能网联汽车人工智能开发企业、人工智能软件开发企业、人工智能硬件开发企业、多媒体设计企业、运维安全管理机构、机器人开发和生产企业等，主要为整车生产企业提供合作和技术支持服务，为消费者提供智能网联汽车的使用环境保证和技术服务。

15. 汽车回收再生服务

汽车回收再生服务的服务主体包括汽车回收拆解企业、汽车再制造企业，主要为消费者提供汽车报废的咨询、手续、回收服务，以及汽车再制造件的加工和供应服务。

16. 汽车租赁服务

汽车租赁服务的服务主体主要包括提供汽车租赁、融资租赁的各类机构，如汽车租赁公司、汽车金融机构、汽车经销商、共享汽车服务企业等，主要为消费者提供汽车租赁、共享汽车、融资租赁服务。

17. 汽车驾驶培训服务

汽车驾驶培训服务的服务主体主要是汽车驾驶培训机构，主要为消费者提供获得驾驶人资格所需的手续、技术培训、场地安排等相关服务。

18. 汽车广告会展服务

汽车广告会展服务的服务主体包括各类广告媒体、广告与会展策划机构、会展服务机构、各类展馆及展览场地提供单位，主要为汽车生产企业、汽车经销商提供广告策划、会展策划（包括经销商展会促销策划）、信息传播、会展组织、场地布置、现场管理等相关服务。

19. 汽车停车服务

汽车停车服务的服务主体主要包括提供有偿服务的停车场、停车库、停车点的各类管理机构和物业管理部门，主要为消费者提供停车和管理范围内的交通疏导服务，也有一些有条件的停车服务机构同时向停车车主提供洗车、汽车美容、代缴规费的服务。

20. 汽车智能交通服务

汽车智能交通服务的服务主体是提供交通导航的服务机构，主要向消费者提供天气、地面交通信息、寻址、出行路线导航、事故救援协助等服务。

21. 汽车救援服务

汽车救援服务的服务主体包括汽车救援专业机构、汽车俱乐部、汽车营销与服务企业等，主要向消费者提供汽车临时加油、小故障处理、拖离现场、协助报案、事故处理等救援服务。

22. 汽车文化服务

汽车文化服务的服务主体结构复杂，主要包括各类汽车文化产品与项目的经营者，为消费者提供汽车影院、汽车网络游戏、汽车运动、汽车报刊杂志、汽车书籍、汽车模特、汽车模型、汽车旅游、房车营地、汽车旅馆等文化服务。

23. 汽车俱乐部服务

汽车俱乐部的服务主体主要是专业的汽车俱乐部和汽车制造企业、汽车经销商，主要通过会员制形式，为消费者提供汽车知识讲座、汽车代驾、汽车文化娱乐活动、汽车旅游等服务。

24. 汽车其他服务

随着我国汽车产业的进一步发展，汽车科技含量的不断加大，以及汽车消费者消费升级步伐的加快，围绕汽车后市场的服务内容将随着时代发展越发丰富，新的服务项目还将不断出现。

第三节　我国汽车服务市场面临的机会、挑战与发展趋势

一、我国汽车服务市场面临的机会与挑战

1. 汽车服务业是典型的黄金产业

汽车产业是我国国民经济的重要组成产业，竞争性强，产业链长，关联度高，就业面广，消费拉动大，在国民经济和社会发展中发挥着重要作用。汽车产业的发展带动着汽车服务业的形成，经过几十年的不懈努力，我国不但已经进入汽车时代，而且已经进入汽车服务时代。

随着汽车产业的快速发展，汽车保有量的不断增加，汽车市场竞争的不断加剧，汽车消费者服务的需求不断升级，我国汽车服务从一般的汽车维修、配件和用品销售以及汽车养护工作，已经扩大到消费者购车、用车、置换、处理的所有领域，并且与消费者的生活方式、精神文化需求紧紧连在了一起。

专业的汽车服务商大量涌现，各种分工明确的专业服务不断出现，汽车行业的服务理念大大提升，汽车服务的专业性越来越强，汽车服务的质量越来越高，汽车服务的科

技成分与文化内涵越来越丰富，汽车服务的市场越来越大。汽车服务蕴含着无数机会，汽车服务已经成为典型的"黄金产业"，汽车产业的利润区正不断向下游转移，这种趋势符合世界汽车发展历史的基本规律（图1-4）。

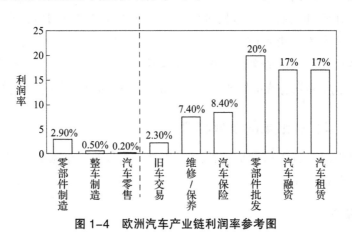

图1-4 欧洲汽车产业链利润率参考图

2. 汽车服务业的竞争激烈

我国汽车服务业的规模庞大。目前我国汽车整车企业有170多家，专用车企业900多家，汽车零部件生产企业超过80000家；汽车授权经销商企业9万家，其中4S店25000余家，维修企业数量在44万家左右；另外有新车交易市场或汽车园区600余家，二手车交易市场800余家，汽配市场超过1000家。

随着电子商务的兴起，互联网企业和各类跨界企业也纷纷加入汽车服务业的竞争，竞争十分激烈。

由于供求关系的变化，大量创新的经营模式脱颖而出，传统服务企业面临转型。竞争的焦点已经由数量竞争、质量竞争、价格竞争发展到了服务满足、知识信息传递，乃至经营战略诸多方面（图1-5）。

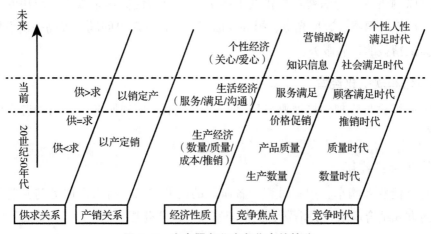

图1-5 汽车服务业竞争焦点的转移

3. 我国汽车服务业存在的主要问题

随着日益增长和逐步升级的汽车服务需求和越发激烈的竞争趋势，我国汽车服务业得到了迅速的发展，但问题也不少。这些问题主要是：在环境层面，法规还不够齐全，竞争秩序欠佳；在管理层面，理念相对落后，管理随意，缺乏制度；在人才层面，对汽车服务专业的人才培养重视不够，方式滞后；在竞争层面，相当一部分服务企业竞争力不够；在消费者认可层面，服务不规范、内容不透明、信息不对称、诚信度不高的情况时有发生。与其他规模化消费市场相比，汽车服务市场的市场化还不充分。

二、我国汽车服务市场的发展趋势

为了更好地为消费者提供便捷、快速、高效、满意的汽车服务，我国汽车服务市场的未来趋势将呈现如下特点：

1. 网络化服务

互联网及人工智能对汽车行业的不断渗透，线上线下相结合O2O模式已经成为汽车营销与服务的主流模式。

2. 品牌化经营

告别平庸，实现服务商标化，用自己的标准化、一贯性服务，道德经营、良心经营，打造服务品牌，真正打动顾客，让消费者放心。

3. 预防性服务

提高服务的主动性，为消费者提供预约性、预防性服务，将修理为主转向维护为主，倡导零修理概念，以此增加客户价值，让消费者舒心用车。

4. 电子化与信息化

应用互联网工具，为消费者提供线上线下相结合的便捷购车服务，应用专用仪器、专用设备、计算机网络、数据光盘，提高诊断能力，精准解决问题，提高一次性修复率，为消费者提供精益的售后服务。

5. 规模化和规范化经营

优化服务模式与管理，扩展服务网络，提供近距离便利服务，为消费者提供专业化综合性服务。

6. 丰富性与多样化

深入研究消费者购车、用车过程中各阶段的延伸需求，将汽车服务与互联网、汽车文化、生活方式结合起来，为消费者提供丰富性、多样化服务。

7. 服务人才高级化、职业化

我国汽车产销量已经连续多年稳居全球第一，成为名副其实的汽车大国，但离我国实现汽车强国的目标还有一段距离，需要大量适应汽车智能网联时代的汽车服务人才。就目前状况来看，人才远远不够，并且人才高级化、职业化的要求日益增长。

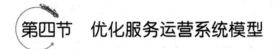

第四节　优化服务运营系统模型

一、汽车服务运营系统模型

为使汽车服务企业在激烈的市场竞争中获取主动，汽车服务企业必须谋势而动，优化服务运营系统模型，以保证服务满意率和生产率的切实提升（图 1-6）。

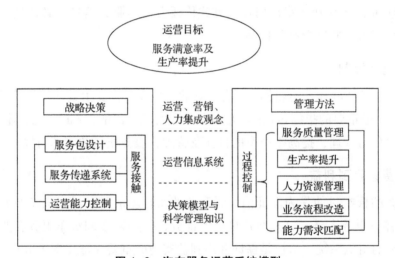

图 1-6　汽车服务运营系统模型

1. 研究服务战略

战略是着眼长远、适应企业内外部环境而做的总括性的企业发展规划。研究汽车服务战略，必须深入理解市场需要什么，自己想做什么，敢于做什么，社会能够允许做些什么，如何保证实现这些关键问题（图 1-7）。

2. 夯实管理保证

实现汽车服务企业的经营目标，必须由管理做保证，包括掌握科学决策的管理知识，建立有效的运营信息管理系统，明确运营、营销与人力资源的关系，树立三者集成的观念等。

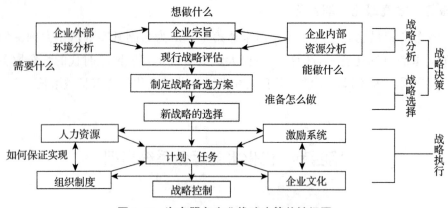

图1-7　汽车服务企业战略决策关键问题

3. 强化服务接触

强化服务接触，必须按照自己的经营能力设计服务包，亦即明确本企业可以为消费者提供哪些服务；必须确认将运用什么方式传播自己的服务信息；必须具备完成这些服务内容的运营能力，并进行有效控制。

4. 重视过程控制

为了达成服务战略和营运目标，所有良好的服务设计都要由具体的经营行为来保证。在过程控制中，最重要的指标包括：满足服务需求的能力保证，不断优化的业务流程保证，人力资源的优化与管理，提高生产率的目标及管理，服务质量的管理与提升。

5. 让消费者收到利益

汽车服务的根本目的是为保证消费者利益的实现。消费者对于汽车服务的评价一般来自环境和客户服务人员，这是客户可见的部分，但必须强调汽车服务企业的后台运作系统以及无形的组织系统，恰恰是保证客户利益实现的重要保证（图1-8）。汽车服务人员的重要任务之一就是要在服务过程中，将这些消费者看不见的部分通过可视化手段或面对面的沟通，让消费者体会到。只有让消费者收到汽车服务企业为消费者创造利益的全部工作成果，消费者才会理解汽车服务的完整价值，从而在客观和主观两个方面都体会到自己利益的实现。图1-8中A消费者收到了一系列服务利益，便会把满意信息传递给更多的B消费者。

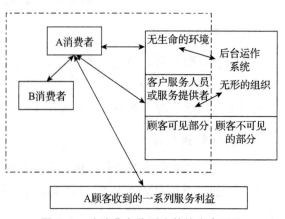

图1-8　让消费者收到完整的客户利益

二、汽车服务质量管理模型

1.汽车服务质量管理体系

汽车服务质量管理是为保证和提高汽车服务质量所进行的调查、计划、组织、协调、控制、检验、处理及信息反馈等各项活动的总和。它的主要任务是加强质量管理教育；制定企业的质量方针和目标；严格执行汽车维修质量检验制度，对汽车服务全过程进行监督控制。

2.汽车服务质量精益管理

汽车服务精益管理要求企业的各项活动都必须运用精益思维。精益思维的核心就是以最小资源投入，包括人力、设备、资金、材料、时间和空间，创造出尽可能多的价值，为消费者提供新产品和及时的服务。

3.汽车服务质量管理模型

汽车服务质量是消费者在接受汽车服务时最关注的要点，确保汽车服务质量是每个汽车服务企业追求的基本目标，目的在于营造服务满意。为了确保服务质量，汽车服务企业首先必须按照国家汽车服务质量相关法规要求和消费者的实际需求定义服务，设计服务提供流程，定义质量控制规范，进行服务质量承诺，并将承诺细化为可以度量的指标，在服务过程中，还应对服务产出质量进行测量与控制，找到差异，不断改进（图1-9）。

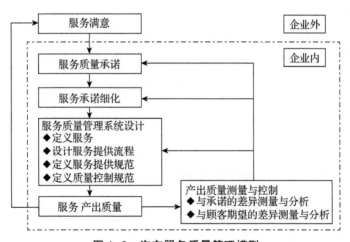

图1-9　汽车服务质量管理模型

本章小结

本章重点介绍了汽车服务工程的基本含义，汽车服务工程的基本分类和大致内容，汽车服务业的历史机遇和激烈竞争，汽车服务运营系统模型及汽车服务质量管理模型，目的在于对汽车服务工程的概貌有所理解，并明确做好汽车服务工作必须进行的宏观思考和必须掌握的关键要点。

综合实训与练习

一、问答题

1. 服务的本质是什么？你如何理解客户价值与企业盈利之间的关系？

2. 通过本章的学习，你认为汽车专业学生毕业后的就业岗位有多少，你个人想在哪一方面重点发展自己？

3. 我国汽车服务的发展趋势如何，将显现哪些新的特点？

4. 你认为互联网时代汽车服务有哪些新特点？

5. 学习汽车服务系统模型的理论对个人未来创业或就业具有什么意义？

二、实训题

1. 通过搜索引擎或汽车服务垂直网站找到近两年我国汽车服务行业动态的前沿信息，通过手机朋友圈与班级同学共享。

2. 通过网络工具查找 2 款汽车的车型信息，包括车型图片、主要卖点以及报价。

3. 按照汽车服务运营系统模型要求，填写下表，模拟设计一份创业计划。

创业选项	汽车美容装饰店（　　）　　快捷汽修店（　　　）　　汽车微商（　　　） 汽车销售经纪人（　　　）　　_____
服务包设计	
信息传递媒体	
运营能力控制	
人力资源配套	
服务能力要求	
服务质量控制	
生产率设想	
创业前景期望	

第二章
汽车物流服务

　　汽车从原材料到半成品、成品生产，再由生产地运输到消费地全都离不开物流（图2-1）。随着我国经济社会的健康发展，生产力水平的提高，互联网技术的日益普及，交通运输、仓储、配送等环节的一体化整合逐步实现，物流服务业与互联网经济已经被人们称作经济发展的"第三利润源泉"。

　　物流在企业管理和汽车服务中具有重要地位。研究汽车物流服务对于降低经营成本，及时满足汽车消费者的购车、用车需求具有重要意义。

　　物流总值高速增长，表明经济增长对物流需求越来越大，经济发展对物流的依赖程度也越来越高。

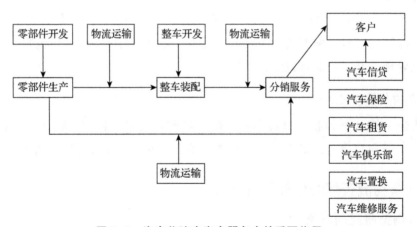

图2-1　汽车物流在汽车服务中的重要作用

【教学目的】

　　通过本章学习，掌握汽车物流的基本定义、核心价值及主要内容；掌握汽车物流的类型与特点；熟悉汽车物流的基本环节和核心流程，熟悉汽车物流管理主要模式和信息管理工具。

【教学要求】

　　通过课堂教学、自学、信息采集练习，掌握汽车物流的基本定义、核心价值、主要内容、汽车物流的类型、汽车物流的特点、汽车物流的基本环节、汽车物流核心流程，汽车物流管理的主要模式、汽车物流的信息管理工具。

第一节　认识汽车物流

一、物流的定义与关键要点

1."物"和"流"

物流中的"物"是指一切在经济活动中所碰到的物质，包括商品、产品、原材料、废弃物等；"流"是指研究对象在空间上的运动和时间上的连续。

2. 物流的定义

日本《物流手册》认为，物流是物质资料从供应商向需要者的物理性移动，是创造时间性、场所性价值的经济活动，包括包装、装卸、保管、库存管理、流通加工、运输、配送等诸种活动。

国家推荐标准 GB / T 18354—2006 物流术语中关于物流的定义是"物品从供应地向接收地的实体流动过程，根据实际需要，将运输、储存、装卸、搬运、包装、流通加工、配送及信息处理等基本功能有机结合。"

3. 物流的关键要点

汽车物流关键的要点是：以最小的代价、最符合需求、最短的距离、最快的速度、最佳的配置、最准的信息，将零部件、配件、整车，安全、高效地移送到需求地。

二、汽车物流管理的任务与主要内容

1. 汽车物流研究的对象

汽车物流研究的对象是贯穿生产领域和汽车流通领域的一切物料流及相关信息流。

汽车物流研究是对汽车物流过程进行规划、管理、控制，以达到在满足用户要求的前提下物流总费用最小的目的。

2. 汽车物流管理

汽车物流管理指包括为支持汽车商务战略而对材料、在制品和库存成品的流通加以控制的系统设计和行政管理。智能网联技术在汽车物流领域的广泛使用，使汽车物流管理的水平得到了空前的提升，信息更加精准，配置更加合理，过程更加流畅。

3. 汽车物流管理的任务

汽车企业物流管理的任务包括：汽车生产所需原材料及最终使用点或消费点的实体移动的规划和执行，并在取得一定利润的前提下，更好地满足消费者的需求。

4. 汽车物流管理的核心价值

汽车物流管理的核心价值如图 2-2 所示。

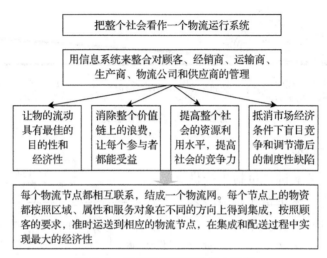

图 2-2　汽车物流管理的核心价值

5. 汽车物流的主要内容

汽车物流的内容十分丰富，包括生产计划的制订、采购订单下放及跟踪、供应商的管理、进出口管理、货物接收、仓储管理、发料及在制品管理、生产线物料管理、整车发运等（图 2-3）。

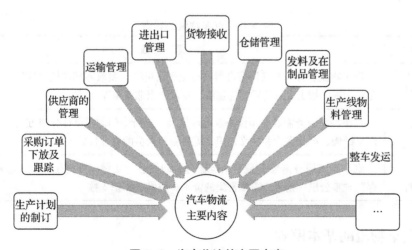

图 2-3　汽车物流的主要内容

三、汽车物流的类型与特点

1. 汽车物流的供应链

汽车物流是汽车供应链上的原材料、零部件、整车以及售后配件在各个环节之间的实体流动过程，是汽车供应链的桥梁和纽带，是实现汽车产业价值流顺畅流动的根本保障（图 2-4）。

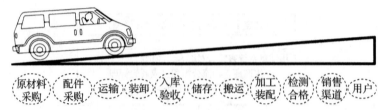

原材料采购　配件采购　运输　装卸　入库验收　储存　搬运　加工装配　检测合格　销售渠道　用户

图 2-4　汽车物流供应链

2. 汽车物流的类型

汽车物流从广义上讲，包括生产供应物流、生产物流、整车销售物流、零部件供应物流以及回收物流（图 2-5）。汽车服务关于汽车物流的关注，主要集中在整车销售和零部件供应物流两个方面，以及它与上下游物流之间的关联。

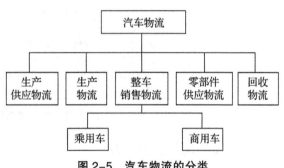

图 2-5　汽车物流的分类

3. 汽车物流的特点

汽车物流的特点主要表现在它的技术复杂性，服务专业性和资本、技术、知识密集性上（表 2-1）。

表 2-1　汽车物流的特点

特　　点	表　　现
技术复杂性	汽车物流服务与互联网等高科技行业平滑衔接，要求零部件按时按量到达，且是远距离运输，加上大量售后配件物流，技术要求非常复杂
服务专业性	汽车物流服务需要专用设备及运输工具，执行专门的零部件分类方法，人员需要有汽车结构、产品保管和维修知识，需要服务人员的专业性做支撑
资本、技术、知识密集性	汽车物流服务需要大量专用运输与装卸设备，要做到即时生产、尽量实现"零库存""零公里"销售，需要密集的资本、技术、知识支撑

四、汽车物流的基本模式

汽车物流的模式主要有以下 3 种。

1. 自营物流模式

自营物流模式也称第一方物流，是封闭性很强的企业内部物流，需要建立完整的物流管理体系和完整的物流设施和队伍。

2. 第三方物流模式

第三方物流是指提供物流双方部分或全部物流功能的外部提供者，它是物流专业化的一种形式。第三方物流通过契约形式与供应链上的企业和服务对象建立长期、稳定的战略伙伴关系，提供高效、稳定的物流服务，起到整合供应链的作用，从而获得长远的竞争优势。第三方物流的服务对象可以是企业、个人或多个供应链。第三方物流的优势主要表现在：使企业得到更加专业化的服务，降低运营成本，提高服务质量；解决本企业资源有限的问题，更专注于核心业务的发展；可以提高企业的运作柔性；可以减少监督成本，提高效率；降低风险，同时也可以同合作伙伴分担风险。

3. 过渡型物流模式

过渡型物流是指企业先自建独立的物流公司，逐渐转化成第三方物流，同时可以承接其他企业的物流任务。

五、我国汽车物流的现状与发展趋势

1. 我国汽车物流的现状

我国汽车物流作为一个行业，起步在汽车进入市场以后，至今仅有 20 多年历史。在此之前，由于汽车生产数量很少，且汽车作为生产资料分配，汽车运送一般采取直接提车或送车的形式解决。

改革开放后，汽车产业得到了快速发展，由于汽车产销数量日益增长，汽车市场及消费者的服务需求不断扩张，我国现代化的物流系统开始形成。

近几年来，中国的汽车第三方物流取得快速发展，一批专业的汽车物流企业快速崛起，中国汽车物流已经进入到快速发展时期。

随着车辆运输车治理工作的逐步推进，不合规运输车已陆续按期分批淘汰，公路运输有望更加规范，汽车物流迎来了行业发展新机遇。

汽车物流作为汽车供应链的重要组成部分，各零部件供应商在关注精益化、智能化发展的同时，也开始建设自身物流体系，积极与外界物流资源进行整合优化。

当前，汽车后市场正在引发新的物流需求。国家"一带一路"倡议、中国制造 2025 规划、O2O 电商平台快速发展、互联网＋与大数据的广泛应用、创新的现代智能化物流技术，都对未来汽车物流行业的发展带来了巨大的推动作用。

我国汽车物流原来存在的体制弊端、区域壁垒、标准制定滞后、基础设施不完善、人才匮乏、信息化较低、使用率较低等阻碍汽车物流行业发展的问题都将被逐渐化解，一个信息化、智能化、适合我国特点的现代化汽车物流行业正在迅速崛起。

2. 我国汽车物流的配送模式

配送是汽车物流的核心。我国汽车行业的物流配送模式主要有市场配送模式、合作配送模式和自营配送模式（表2-2），其中市场配送模式是我国汽车行业的主流配送模式。

表2-2 汽车物流主要配送模式

模　式	特　征
市场配送模式	市场配送模式是指专业化的物流配送中心和社会化配送中心，目前有两种情况：第一种为公用配送，即面向所有企业；第二种是合同配送，即通过签订合同，为一家或数家企业提供长期服务
合作配送模式	合作配送模式是指若干企业由于共同的物流需求，在充分挖掘利用各自物流资源的基础上，联合创建的配送组织
自营配送模式	自营配送模式是指为本企业生产经营提供配送服务的组织模式。选择自营配送模式的企业自身物流具有一定的规模，可以满足配送中心建设发展的需要

3. 我国汽车物流的研究课题

我国汽车物流主要课题是：

（1）合理降低成本

专心研究供应链上各环节的物流成本，建立物流成本模型，明确物流成本指标体系，寻找保证物流综合成本合理降低的有效途径。

（2）构筑精敏供应链

集成整车流和零件流，构筑精敏供应链以适应多变的市场需求。

（3）优化物流网络

优化下游销售配送物流网络，提高市场反应速度和顾客满意度。

4. 我国汽车物流的改进方向

我国汽车物流的改进方向重点集中在：

（1）信息管理网络化、标准化

通过新技术实现库存管理先进先出、新车在途跟踪、问题车逆向物流动态跟踪。

（2）降低物流综合成本

全面实施新车物流第三方服务、合理降低新车物流综合成本。通过对需求市场和出库规律的分析，合理确定物流节点的地理位置和库存规模；通过优化运输路线、尽量形成对流运输模式，实现运输成本的合理降低。

（3）重组业务流程

对内部业务流程进行重组，减少流程、缩短订单处理时间、精简人力资源、提高电子化程度；加快提车速度、加快库存周转率、提高客户的满意度。

5. 我国汽车物流的发展趋势

中国汽车市场正处在普及期，还有很大的发展机会，这是汽车物流行业继续向前发展的基本保证。

可以预期，未来我国汽车物流行业的行业监管将进一步得到改善，标准化物流的运作规范将进一步完善，物流基础设施的建设将进一步加快，汽车物流人才的培养工作将进一步得到加强，信息网络技术将得到进一步推广，一个公平有序的现代化汽车物流行业将呈现在人们的面前。

第二节　汽车物流运营

一、汽车物流的基本环节

汽车物流包括运输、储存、装卸搬运、包装、配送、流通加工和物流信息服务等基本环节（图2-6）。

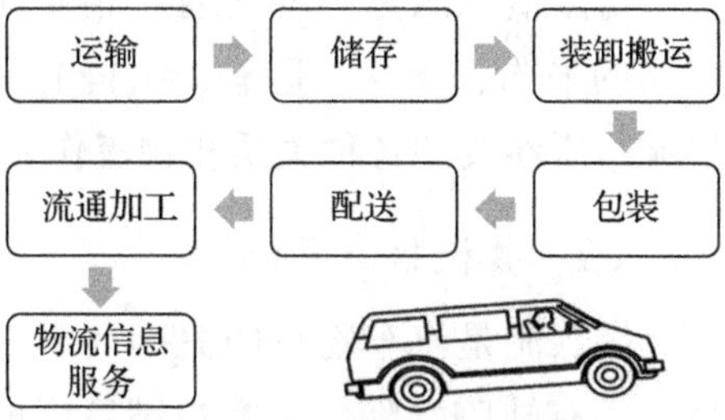

图2-6　汽车物流基本环节

1. 运输

物流运输专指"物"的载运及输送。它是在不同地域范围间，以改变"物"的空间位置为目的的活动，是对"物"进行的空间位移，是汽车物流的核心服务，是在流通领域内继续的生产过程。运输是物流企业"第三利润源"的主要源泉。

2. 储存

汽车物流的储存是指汽车产品离开生产领域而尚未进入消费领域前在销售渠道流通过程中的合理停留。

3. 装卸搬运

装卸是指："物品在指定地点以人力或机械装入运输设备或卸下。"搬运是指："在同一场所内，对物品进行水平移动为主的物流作业。"装卸是改变"物"的存放、支撑状态的活动，主要指物体上下方向的移动。而搬运是改变"物"的空间位置的活动，主要指物体横向或斜向的移动。装卸搬运是指物流过程中装上卸下、分类、搬运的活动，是影响物流效率、决定物流技术经济效果的重要环节，是汽车物流中不可缺少的环节。

4. 包装

汽车物流中的包装包括商品包装和运输包装两大类。商品包装和运输包装的目的在于保护产品，便于运输。

5. 配送

配送是指在经济合理区域范围内，根据客户要求，将规定的汽车和零部件按时送达指定地点的物流活动。配送是"配"与"送"的有机结合。只有做到有组织、有计划的"配"，才能实现现代物流管理中低成本、快速度的"送"，进而有效满足顾客的需求。

6. 流通加工

流通加工是为了提高物流速度和产品的利用率，在产品进入流通领域后，按客户的要求进行的加工活动。

7. 物流信息服务

（1）物流信息服务

物流信息服务主要是通过企业局域网、物流信息网和公共信息网，为用户提供有关产品的采购、储存、运输、销售的一体化服务及其相关的信息咨询服务，以此管理汽车物流中所涉及的各种关系和物流作业。

（2）物流信息系统

信息流是汽车物流的关键要素。书面信息具有缓慢、不可靠、误导倾向、作业成本高的固有缺陷，降低了客户满意度的提升。现代物流信息系统具有及时化、信息化、自动化、智能化、网络化等优点，更具目的性和经济性，有益于成本下降，有益于信息管理，有益于强化汽车物流服务功能等。

为加强汽车物流的信息管理，很多汽车物流企业或部门都在加强信息化的物流管理，逐步形成完整的信息管理系统。这些系统包括：需求管理系统，采购管理系统，仓库管理系统，财务管理和结算系统，配送管理系统，物流分析系统和决策支持系统等。

8. 汽车备件物流

汽车备件物流依存于销售活动。汽车备件物流节点位置和安全库存水平，决定了市场反应速度。市场反应速度决定了顾客满意度。顾客满意度是衡量品牌竞争力的重要指标。

备件库存量与市场反应速度成正比。库存品种越多、库存量越大，市场反应速度就越快。库存地点离需求市场越近，为网点服务越迅速，顾客满意度就越高。

然而库存品种越多、库存时间越长、库存地点距离顾客越近，则物流成本就越高。因此，备件物流的主要矛盾就是解决顾客满意度与库存成本的平衡的问题，备件物流配送服务的改善问题受到各汽车制造企业的高度关注。

二、汽车物流6大要素

做好汽车物流服务涉及以下6大要素。

1. 物流劳动人员

物流劳动人员是指物流服务过程中必须配备的各物流岗位上的工作人员，包括管理人员。这是决定物流服务生产率水平高低的最重要、最有活力的要素。

2. 物流劳动对象

物流劳动对象是指劳动所涉及的各种物资，物流企业所涉的劳动对象越宽泛，盈利空间越大，但管理也越复杂。

3. 物流劳动资料

物流劳动资料是指物流需要的各种装备，包括整个物流领域内用于物流各个环节的设备和器材。主要包括：运输装备、储存装备、装卸搬运装备、包装装备、流通加工装备、集装单元化装备，以及智能网联条件下各种现代化的技术装备。

4. 物流劳动环境

物流劳动环境包括物流的政治环境、经济环境、自然地理环境、法律政策环境、技术环境、社会文化环境等。政治稳定、经济发展、技术发展、道路交通条件的改善，以及现代物流观念的提升，都是汽车物流行业健康发展的重要推动力量。

5. 物流劳动空间

物流劳动空间包括物流作业必要的场地和占地。物流劳动的空间分布与区位有着密切的关系。区位是一种空间状态，是任何经济活动都必须依存的基础。区位决定物流劳动场所的位置和各种关系的总和。在一个空间具备了进行汽车物流活动的条件时，物流经营企业就会向这一区位集中。

6. 物流劳动时间

物流时间是物流设施建设和物流运行的时间。研究物流劳动时间的目的在于强调汽车物流服务的效率与效益。关注物流时间控制，目的在于降低物流成本，提升物流效益（图2-7）。

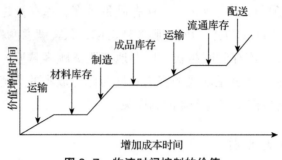

图 2-7　物流时间控制的价值

三、汽车销售物流

1.汽车销售物流的组成

汽车销售物流由售前储备和调度运输两大部分组成（图 2-8）。

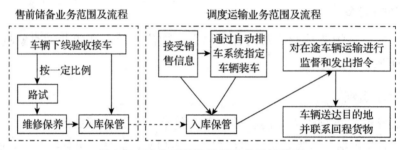

图 2-8　汽车销售物流的总体目标流程

（1）汽车售前储备

汽车售前储备是指整车下线以后，销售部门下达销售指令前的活动，包括整车交接、入库保管、路试检验、出库及质量信息反馈等具体业务流程（图 2-9）。

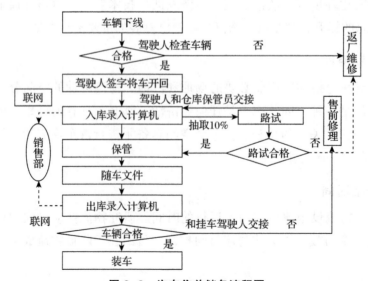

图 2-9　汽车售前储备流程图

（2）汽车调度运输

汽车调度运输包括调度、运输和回程运输这些基本环节，各环节的基本任务见表2-3。指导运输管理和营运必须坚持两条基本原则，第一、强调规模，因为规模增长、成本可以摊薄；第二、强调距离，因为成本随距离增加而减少。

表2-3　汽车销售物流调度运输基本环节

任　务	工作步骤
调度车辆	1. 汽车制造企业计划调度部门通过信息中心，及时掌握销售部门的销售信息 2. 根据销售内容和系统中反映的物流运营车辆的状态，通过自动排车系统指定任务，组织车辆装车 3. 将适运车辆开到指定装车场地 4. 检查拟装车车辆 5. 将合格车辆装车，问题车辆返厂维修
在线运输	1. 物流车辆启程 2. 计划调度部门对在途车辆的运输情况进行管理和监控 3. 车辆到达指定地点，由接车方验收接车 注：如遇市场需求发生变化，物流部门可以协同厂方销售部门在目的地区域就近调拨
回程物流	计划调度部门通过物流网络与有关企业签订回程运输合同 物流部门驾驶人员按照计划调度部门指令在规定时间内执行回程物流任务

2.汽车物流系统总成本

汽车物流系统总成本的计算公式是：$D=T+FW+VW+S$。其中：D是汽车销售物流总成本；T是该系统的总运输成本；FW是该系统的总固定仓储成本；VW是该系统的总变动仓储成本；S是因延迟销售所造成的销售损失的总机会成本。

3.汽车物流存货管理

存货管理涉及以下各关键要素：①存货政策，关系到购买或制造什么，何时购买或制造，购买或制造多少；②仓库选址，由客户、制造点与产品需求所决定，目的是得到服务或成本优势，可以以市场定位、以制造定位、以中间定位；③平均存货水平，包括周期存货、安全储备以及中转存货，与顾客需求密切有关；④订货时间，包括检查库存，了解需求，科学合理定货，设定最低库存量和订货补充。

4.汽车物流订货点

汽车物流订货点又称订购点，订货点是指汽车销售商对于某种产品或零配件，由于销售的原因而逐渐减少，当库存量降低到某一预先设定的点时，即开始发出订货信息来补充库存。正确确定订货点对于汽车制造商合理安排产能，经销商保证安全库存，物流企业确保及时到货，都有十分重要的意义。

汽车物流订货点的计算公式是：R=LT×D/365。其中 R 为订货点；LT 为送货天；D 为全年用货量。

第三节   汽车物流管理模式和信息管理

一、汽车物流与汽车供应链

1. 汽车物流与汽车供应链

汽车物流业十分重视通过供应链管理降低成本、拓宽利润空间。在我国第三方物流供应商均已与汽车供应商结成紧密关系，以物流供应方的身份加入了汽车供应链。供应链管理是一种集成的管理思想和方法，它围绕核心企业，执行供应链中从供应商到最终用户的物流、信息流、业务流、资金流的计划和控制职能，并通过分析、整合价值链来进行供应链管理。

2. 汽车行业供应链的特点

汽车行业供应链最典型的特点是：

（1）汽车制造企业是供应链的核心企业

汽车制造企业作为供应链的物流调度与管理中心，担负着信息集成与交换的作用，在产品设计、制造、装配等方面具有强大优势，对上游供应商和下游分销商具有巨大的影响作用。

（2）汽车行业供应链管理的重点

汽车制造企业作为供应链上的核心企业，重点关注供应链的整合、协调；战略合作伙伴关系的构建；供应链物流模式的创新；供应商与分销商的管理，产、供、销关系的协调与控制等。

（3）供应链上供需间的关系密切

汽车制造商和供应商关系十分密切，他们之间的持久合作，决定着供应商必须为制造商提供具有技术挑战性的部件和相关服务，共享信息和设计思想，重新定义能够使双方获益的各类服务。

（4）物流配送功能的专业化

大部分汽车制造商将物流配送体系与其主业剥离，使社会化、专业化的汽车物流体系逐步完善成为可能。

（5）汽车物流的信息化

利用计算机网络技术全面规划汽车供应链中的物流、商流、信息流、资金流，构建电子商务采购和销售平台，通过应用条码技术、EDI技术、电子订货系统、POS数据读取系统等信息技术，做到供应链成员能够及时有效地获取需求信息并及时响应，以满足顾客需求。

3.汽车物流在汽车供应链中的作用

汽车物流是集现代运输、仓储、保管、搬运、包装、产品流通及物流信息于一体的综合性管理系统，是沟通原料供应商、生产厂商、批发商、零件商、物流公司及最终用户满意的桥梁，更是实现商品从生产到消费各个流通环节的有机结合。

二、汽车物流管理模式与信息管理系统

1.汽车物流管理模式

汽车物流管理模式是利用现在的供应链管理系统、第三方物流模式和电子商务模式整合而成的一套管理模式（图2-10）。

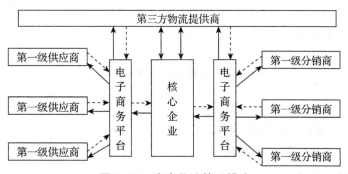

图2-10 汽车物流管理模式

2.汽车物流信息管理系统

汽车物流信息管理系统能对汽车物流及时化、信息化、自动化、智能化、服务化、网络化等进行有效操作（图2-11）。

汽车物流信息管理系统具有需求管理功能（客户管理系统）、采购管理功能、仓库管理功能、财务管理和结算功能、配送管理功能、物流分析功能和决策支持功能。图2-12所示为长安汽车集团物流系统，大致可以说明汽车物流信息系统与汽车销售物流的关系框架。

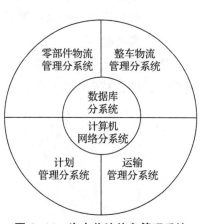

图2-11 汽车物流信息管理系统

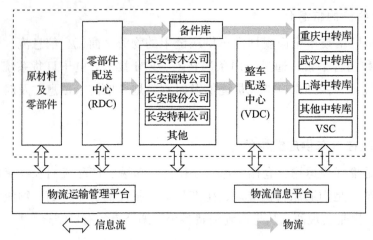

图 2-12　长安汽车物流系统概图

本章小结

　　本章重点介绍了汽车物流的基本定义、核心价值及主要内容,汽车物流的类型与特点,汽车物流的基本环节和核心流程;汽车物流管理主要模式和信息管理工具,目的在于使学生理解汽车物流在汽车价值链中的重要作用,熟悉汽车物流的主要工作内容,并对我国汽车物流的现状和未来发展趋势有所思考。

综合实训与练习

一、问答题

1. 简述物流中"物"和"流"的含义。

2. 为什么说物流是"第三利润源泉"?

3. 如何计算物流成本?

4. 汽车企业的信息化物流管理包括哪些系统?

5. 什么是第三方物流? 第三方物流的优势?

二、实训题

　　通过相关汽车物流网站的信息收集,了解当前我国汽车物流的主要模式和基本特点。整理后, 准备在班级中进行交流。

第三章
汽车整车营销服务

教学目的

通过本章学习，掌握汽车营销的一般概念和本质，熟悉汽车营销的经典理论，掌握汽车营销组织的基本功能；熟悉汽车营销的关键思想，掌握汽车营销的核心流程及各工作环节的基本技巧。

教学要求

通过学习、调研和实训，掌握汽车营销的一般概念，营销组织、经典理论、关键思想和核心流程；掌握汽车营销过程的基本技巧。

第一节　汽车营销概述

我国已成为世界上最大的汽车生产国和消费市场，汽车产销量连续多年蝉联全球第一，汽车在整个社会消费中发挥了顶梁柱作用。2003年我国的民用汽车保有量只有2380万辆，城镇家庭每百户家用汽车保有量仅为1.4辆。但到2020年我国民用汽车保有量达到28087万辆（包括三轮汽车和低速货车748万辆），其中私人汽车保有量22393万辆，私人轿车保有量达到15640万辆。

数据表明，我国不但已进入汽车社会，而且已经进入普及初期，车辆置换的时间正在缩短，老旧汽车报废、更新量将会不断增长。

我国汽车市场的未来前景十分诱人，与此相适应的汽车营销的创新模式会不断出现，互联网技术在汽车营销中的应用会更加频繁，汽车营销领域的人才需求会进一步加大，对人才的素质要求也会越来越高。

一、汽车营销的概念和主要工作内容

1. 汽车营销的一般概念

汽车营销是指汽车厂商或个人，通过市场调查和预测客户需求，把满足客户需求的

商品和服务提供给客户，从而达成客户满意，实现汽车厂商或个人经营目标的过程。

现代营销学之父菲利普·科特勒认为营销最简单的定义是"盈利性地营造客户满意"。他对营销的定义既明确表达了营销的起点和终点都是"客户"，又强调了"客户满意"与"企业盈利"之间的辩证关系（图3-1）。

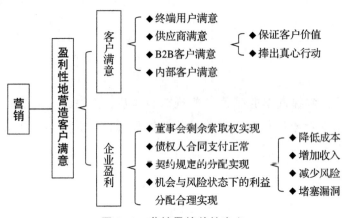

图3-1　营销最简单的定义

营销是实践性很强的理论。市场实践需要市场营销理论支撑，而复杂多变的市场实践却在不断丰富着市场营销理论。从这个意义上讲，营销没有固定模式，营销必须与时俱进，因应而变。世界各国具有不同的政治、经济和文化，营销的环境各不相同；即使在同一个国家，各种行业的营销方式也不可能一样；就是在同样的行业里，不同的企业，在不同的阶段也可能采用各自不同的营销方式。

2. 三种经典的营销理论

（1）4P理论

4P理论强调营销必须重视产品、价格、渠道、促销四个方面。这一理论最早由杰瑞·麦卡锡在《营销学》中提出，其中：

"产品"是指能够提供给市场被人们使用和消费并满足人们某种需要的任何东西，包括有形产品、服务、人员、组织、观念或它们的组合。

"价格"是指客户购买产品时的价格，包括折扣、支付期限等。价格或价格决策，关系到企业的利润、成本补偿、以及是否有利于产品销售、促销等问题。

"渠道"是指在商品从生产企业流转到消费者手上的全过程中所经历的各个环节和推动力量之和。

"促销"是指公司或机构用以向目标市场通报自己的产品、服务、形象和理念，说服和提醒他们对公司产品和机构本身信任、支持和注意的任何沟通形式。广告、销售促进、人员推销、公共关系是一个机构促销组合的四大要素。

（2）4C 理论

4C 理论强调在营销中必须关注客户的需要及欲求，包括客户价值、客户成本、客户便利、客户沟通。

4C 理论明确指出，客户在购买活动中最关注的要素是价值、低成本、便利和沟通。

关注客户的成本，包括关注客户取得产品与服务软、硬成分的整体客户成本以及产品的认知价值。

关注客户的方便性，包括出售产品的配销通路以及产品带给客户的方便程度，应以客户立场认为的方便性为重，而不是传统性生产者立场的安排。

关注与客户的沟通，即强调客户和企业需要的是双向沟通，而不是传统的大众传播式的单向沟通。

（3）4R 理论

4R 理论是一种以竞争为导向的营销理论，要求以关联、关系、反应和回报长期拥有客户，延伸和升华便利性，实现双赢。

"关联"强调企业与客户是一个命运共同体，建立并发展与客户之间的长期关系是企业经营的核心理念和最重要的内容。

"反应"强调在相互影响的市场中，对经营者来说最现实的问题不在于如何控制、制订和实施计划，而在于如何站在客户的角度及时地倾听和从推测性商业模式转移成为高度回应需求的商业模式。

"关系"强调在企业与客户的关系发生了本质性变化的市场环境中，抢占市场的关键已转变为与客户建立长期而稳固的关系。

"回报"强调任何交易与合作关系的巩固和发展，都是经济利益问题。因此，一定的合理回报既是正确处理营销活动中各种矛盾的出发点，也是营销的落脚点。

4R 理论以竞争为导向，在新的层次上提出了营销新思路，真正体现并落实了关系营销的思想，是实现互动与双赢的保证，使企业兼顾到成本和双赢两方面的内容。

3. 汽车营销的具体含义

（1）了解需求

汽车营销始于客户的需求，通过市场调研和客户接触，深入了解客户的需求结构，是开展汽车营销活动的起点。

（2）提供服务

汽车营销活动是贯穿全过程的服务，包括售前、售中、售后服务。

（3）建立联系

汽车营销的全部过程离不开与客户的沟通和客户关系建立、维护和深化。

（4）营造满意

汽车营销活动成败的基本标志是客户满意，即客户的期望价值得到满足。

（5）实现赢利

这是客户对汽车厂商提供的满意产品与服务的回报，也是汽车厂商继续发展的基本动能。

4. 汽车营销服务的主要工作内容

汽车营销服务的主要工作内容如图 3-2 所示。

（1）汽车市场调研

对汽车市场而言，市场调研包括：汽车市场营销环境调研、汽车及服务市场需求调查、汽车营销组合策略调研、汽车营销与服务竞争对手调研、客户购车心理与购买行为调研。

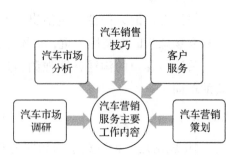

图 3-2   汽车营销服务的主要工作内容

汽车市场调研的目的是：发现需求，包括发现客户的现实需求和未来需求；创造需求，包括创造客户的物理需求和精神需求；明确产品与服务的定位，包括准确的产品与服务定位，以及它们的市场定位；产品生产和服务包设计，包括明确生产规划、服务包设计和财务预期。

（2）汽车市场分析

汽车市场分析包括：汽车与服务市场环境分析、汽车客户购买行为分析、汽车行业趋势分析、汽车行业竞争者分析、汽车产品竞品分析、汽车服务方式竞争者分析、市场要素和市场容量分析、目标市场策略分析、市场占有率和相对市场占有率分析、市场集中度分析等。

（3）汽车销售技巧

汽车销售技巧是指以诚信为基础、为客户利益服务的各种策略与方法，包括：客户开发技巧、客户接待技巧、需求分析技巧、产品介绍技巧、客户沟通与客户体验技巧、客户转化技巧、报价与成交技巧、客户维护与客户关系管理技巧等。

（4）客户服务

客户服务包括服务方式和服务模型设计、服务质量控制与客户满意服务、服务沟通与客户服务流程执行等。

（5）汽车营销策划

汽车营销策划主要是指产品策划、价格策划、渠道策划、促销策划。促销策划主要是指各类营销推广活动的策划，如广告策划、公共关系策划、营业推广策划、促销策划。促销策划又包括线上线下各类活动的策划，例如推文撰写、海报设计、路演策划、新品上市策划、软文推广策划、电子商务策划等。

5.汽车营销的两大要素

汽车营销不是一个部门的工作而是整个的汽车营销企业的职能。要做好汽车营销，必须强调两大要素。

（1）市场观念

市场观念是指要站在客户需求的角度去考虑所有营销问题。企业所有的资源、各项职能和全体员工的一切行动都是为了比竞争对手更好地满足目标客户的需求。只要坚持不懈，同时兼顾其他环境因素，企业的盈利自然增长，企业就能不断壮大。

（2）营销能力

成功的汽车营销，必须具备发现需求及比竞争对手更好地满足客户需求的能力。全面的营销能力应当包括：不断地发现客户需求（市场机会）的能力；产品与服务不断地创新或保持高性价比的能力；目标客户首选的品牌塑造和品牌管理能力；协调4P、4C、4R各要素使之最佳组织的能力；平衡企业利润和客户满意的能力；组织企业说服各级职能部门顺畅进行管理的能力；说服和管理各类合作伙伴进行紧密合作的能力；培训和激励员工建设共同价值观的能力；坚决行动奔向共同愿景目标的能力；与时俱进地不断导入新营销方法和工具的能力；不断提高整个企业管理素质的能力。

二、对汽车营销人员的基本要求

1.营销活动的本质含义

汽车营销的本质含义是汽车经营者与客户以及社会之间经济的、社会的、伦理的、技术的、心理的全部交互活动，是赢利性地营造客户满意的全部活动。

2.营销人员的素养要求

汽车营销活动的丰富内涵要求营销人员用完整的职业素质去支撑。这些素质包括：符合时代要求的礼仪素养；较强的人际沟通能力；敬畏市场和客户的伦理素养；紧跟时代步伐的创新精神和媒体素养；用于决策活动的管理技术与能力；用于经营活动所需的经营技术和相关能力；用于销售活动的销售技术与相关能力（图3-3）。

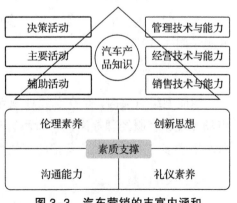

图3-3　汽车营销的丰富内涵和
人员的素质要求

三、汽车营销部门的组织结构与职能分工

1. 一般汽车营销企业的组织架构

一般汽车营销企业的组织架构如图 3-4 所示。

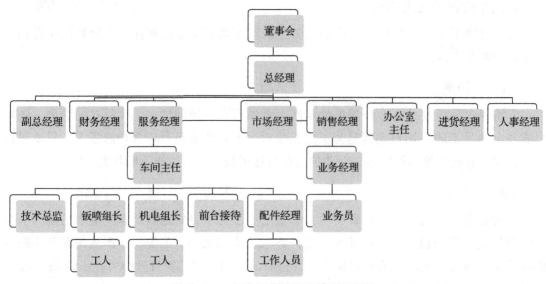

图 3-4　一般汽车营销企业的组织架构

随着互联网与移动互联网对汽车营销企业的渗透，以及汽车金融等后市场环节对汽车营销企业的逐步渗透，不少汽车营销企业另外或者独立设置，或者在销售部下面设置了一些新的部门，例如汽车网络营销部、汽车金融部、二手车部等。

需要说明的是，有些小型汽车营销企业，特别是客车、货车企业，组织架构可能更为简单。虽然岗位设置比较简单，但汽车营销的相关功能一定都有分工，所以出现了一岗多能的安排。

2. 汽车营销企业的组织架构分类

汽车营销企业的组织架构形式多样，但大致可以分为以下几类（图 3-5）：

（1）职能型

职能型组织架构，是在总经理领导下设立销售经理、内勤、市场经理、客服经理等岗位，行政管理相对简单，但缺点是随着车型增多、市场扩大，营销的有效性难以凸现。

图 3-5　汽车营销企业的组织架构分类

（2）地区型

地区型组织架构，是在总经理领导下，按厂家或大型经销商集团分布的地理区域组织营销活动，下设区域主管和营销人员。在营销任务复杂，并且营销人员对于利润的影

响至关重要的情况下，有利于对各分层组织的具体控制，但由于各区域情况差异比较大，任务划分比较困难。

（3）品牌型

品牌型组织架构，是在销售总经理领导下，按照代理的多种品牌设立岗位。这种结构有利于品牌经理协调营销组合策略（产品、价格、渠道、促销），但车辆管理及内部合作比较困难。

（4）市场管理型

市场管理型组织架构，是按车辆类型设立销售组织（进口车、乘用车、商用车等），按照特定客户需求开展一体化的营销活动。其主要缺点是：组织结构复杂，组织运营成本比较高，容易产生内部协调矛盾。

四、汽车营销岗位任务

1. 总经理岗位任务

总经理是董事会任命的企业经营活动的首席执行官，总经理的角色任务极具挑战性。目前，我国大部分小型汽车营销企业的总经理基本上都由企业所有者自己担任，一部分大中型汽车销售企业的总经理或聘请职业经理人担任，或由主要出资人兼任。在其位就要谋其政，不管是谁担任总经理，它的工作责任和素质要求应当是一样的。总经理的基本管理任务是：

（1）执行决议

执行董事会决议，并向董事会报告工作。

（2）企业运营

在董事会领导下，全面负责公司的行政、业务和财务管理，对公司整体运营的盈亏和成败负责。

（3）确定目标计划

负责制定公司的发展规划、年度经营计划和财务预算、决算方案，组织和控制计划的实施。

（4）管理员工

决定员工的职务升降、薪资调整、奖惩、招聘录用、解聘辞退。

（5）组织引领

组织和调整为完成计划所需的相适应的部门设置和人员结构；调动部门经理和全体

员工的工作积极性和创造能力，带领部门经理和全体员工，通过协调一致的经营活动实现计划目标。

（6）组织发展

负责公司业务和组织的发展活动。

（7）变革创新

适应市场变化，创新工作方法，拓展经营业务，对市场变化做出快速反应，接受并推动变革。

（8）改进工作

制定和调整策略，协调部门关系，改进工作流程，圆满执行。

（9）处理危机

落实危机处理机制，有效处理危机事件。

（10）行政管理

对企业设施的保管、维护和安全负责。

2. 市场部经理岗位任务

市场营销部门与其他职能部门不同，它是连接市场需求与企业反映的桥梁、纽带，要想有效地满足客户需要，就必须把市场营销置于企业的中心地位。市场营销部门承担产品市场确定、产品市场开发、产品信息传播、提供销售支持的基本功能。市场经理的管理任务主要是更经济、有效地进行品牌推广，支持、推动和控制销售过程。具体岗位任务是：

（1）采集市场信息分析市场动态

包括收集分析产业动态、行业动态、政策动态、市场动态以及竞争对手的动态，并及时提供给公司高层领导、销售人员和有关部门，以及时采取对策，抓住市场先机，应对市场变化。

（2）制订市场营销计划

营销计划是公司经营计划的创造性执行计划，必须按照公司总的规划和年度计划，符合公司目标，符合运营计划，符合品牌形象，符合公司愿景，并必须将各项指标和营销活动的过程和结果数量化。

（3）研究营销计划的执行策略

市场部经理通常通过组织各类促销活动，支持销售部门完成销售计划。任何一次市场活动的策划必须明确目标市场、活动主题、活动形式、活动布置、协同单位、活动创意、媒体安排、公共关系、物料准备、成本核算、效果预测，其中最重要的是创意、协同、效果和费用的合理分摊。

（4）组织有效的营销活动

营销活动策划是一种无中生有的创造性劳动，一项好的策划要得到有效的实施，关键在于活动组织的质量。一个好的营销活动在组织过程中必须做到五个有：即，有一个夺人眼球、动人心魄的创意；有一个缜密的执行方案；有严格的人员分工；有充分的资源和物料准备；有一张清晰的时间表。市场营销经理是所有重要营销活动的现场总指挥，策划、组织和监控营销活动的执行。

（5）评估营销活动的效果

做好营销活动的评估关键在于要认真收集数据，包括媒体投放的到达率；到场的目标客户；接受咨询或洽谈的人数；成交人数，客户跟踪访问的各类数据；预算成本的控制；活动前后公司业务趋势的分析。

（6）营销职能的管理

市场营销经理还承担着许多具体营销职能的管理，包括：

① 建立资料档案、管理信息。资料档案包括：本公司所属的地理环境、经济趋势、竞争情况、人文特征、车辆喜好、相关行业组织、车辆上牌情况、专业分析、媒体情况、图书杂志资料、电子信息、客户管理数据库等。

② 计划管理。包括公司计划、部门计划、营销策划，以及计划实施的时间进度记录。

③ 市场预测资料。包括计划分析、人员构成、产品资源、营销创意和可能收益。

④ 外部营销资源。包括协同单位、公共关系、供应商、相关职能单位。

⑤ 保持与员工和客户的联络，了解他们的困难和痛苦。

⑥ 检查服务。尤其是服务细节，及时提出整改意见并限时纠正。

⑦ 跟踪关键指标，及时调整计划和营销活动，确保目标实现。

3.销售经理岗位任务

（1）执行计划

严格执行公司的营销计划，组织和调动员工的工作潜力，深入市场，确保新车的直销、分销、旧车置换、装潢以及各种配套代理业务的整体销售绩效。

（2）做好规划

做好运营规划，合理分解销售目标，指导销售人员做出完成任务的个人工作计划。

（3）客户开发

利用各种客户开发技术，加强市场开发，为销售人员创造市场机会，支持销售人员完成业务指标。

（4）绩效管理

执行绩效考评，对销售人员的工作绩效进行及时有效的评估，控制过程，分析原因，及时报告，鼓励销售人员克服挫折，直面困难。这是销售经理的工作重点。

（5）部门协作

协调管理和配套部门的工作，争取最大支持，为销售人员创造更有利和满意的工作环境。

（6）销售管理

重视每天、每月的销售工作，通过合适的训练、培训、会议和内部活动，总结成功和失败的案例，提出对策，采取行动。

（7）提高利润

研究各种旨在提高品牌满意度、实现最大销售额、提升单车毛利的办法，提高利润。

（8）控制流程

完善和控制销售流程，进行业务审核，预防业务差错和法律纠纷的发生，防范员工中问题行为的产生。

（9）现场管理

管理业务档案，维护展厅、展车等销售环境，准备销售活动必需的各种办公设施。

（10）培训辅导

帮助和训练销售人员，提升销售人员的思想道德素质和汽车营销的专业水准。

4.汽车销售主管的岗位任务

（1）接受目标

按照部门划分的业务指标，制定业务小组的工作计划和行动方案，并对完成本组业务目标负责。

（2）确定个人指标

确定业务员的个人工作指标，并监督实施。

（3）业务训练

对业务员进行常用的业务知识训练，督促业务员执行公司规定的价格政策和业务流程。

（4）业务指导

对业务员的业务个案进行指导并给予过程支持。

（5）日报检查

对业务员的工作日报进行检查，了解真实的业务进程。

（6）审核销售方案

对业务员的销售方案进行初步审核，确保符合企业利益和法规要求。

（7）协调关系

协调部门之间的关系，落实配套服务。

（8）业绩评估

评估本组业务员的工作业绩，及时修订实施方案。

（9）自我管理

在行为上成为销售人员的标杆，带头完成本人的业务指标。

5. 前台接待岗位任务

前台接待主要负责：接听电话，收集网上客户线索，记录来电客户信息；分配客户线索给销售人员；访客接待；对营销人员日常行为规范情况进行记录；负责销售人员的名片、胸卡制作；维护前台办公设施；为销售部门提出合理化工作建议；完成销售经理临时交办的任务。

6. 汽车销售员岗位任务

销售人员的所有工作都是为了实现销售、完成计划。汽车销售人员每天的工作，一般围绕以下内容展开：

（1）接受目标任务

理解企业文化，接受工作规范；接受业务指标，勾画自己的行动计划，完成或超额完成销售目标。

（2）寻找客户

掌握营销工具、寻找潜在客户。

（3）传播信息

理解汽车文化、理解汽车营销、熟悉汽车产品和服务流程，传播企业产品与服务信息。

（4）推销车辆

掌握推销技巧，善于与客户沟通，了解客户需求，合理报价，处理客户异议，提供解决方案。

（5）提供服务

做好客户服务，加强客户回访，提升客户满意。

（6）收集信息

收集行情信息，分析销售数据，测定市场潜力，及时反馈企业；协调同事关系，接受经理管理。

（7）工作报告

记录工作日报，及时填报业务报表。

（8）合同处理

执行价格政策、签订销售合同。

（9）回笼货款

完成销售过程、收清销售款项。

第二节　汽车营销的核心概念及活动保证

一、汽车营销的核心概念

研究汽车营销的关键思想必须首先弄清下列 8 个核心概念：

1. 需要、欲望和需求

客户需要结构的缺失状态，客户解决缺失状态的文化背景和个性特征，客户实现购买的支付能力和决策能力。

2. 产品（包含商品、服务和创意）

产品的整体概念是指由企业提供的，能够满足人们生活和生产需求的实体和实质、内容和形式、无形和有形等若干因素的综合体，现代营销观念将它们统称为产品。

3. 价值、成本和满意

汽车产品与服务特点可以为客户带来利益，实现这些价值的成本，以及研究客户的需求，满足客户的期望。

4. 汽车市场

有购买本企业销售的汽车的需求、有当前或未来支付能力、有购买决策权力的个人或组织。

5.营销工具

汽车营销过程中可以运用的理论、方法或技巧。

6.关系和网络

与客户之间建立的各种关系，以及这些关系组成的客户网络。

7.交换和交易

实现价值交换和汽车交易的政策法规、手续、流程等。

8.营销者与预期客户

处在主动地位的买卖一方，以及客户线索和潜在客户的开发和转化。

二、汽车营销活动的重要保证

1.汽车营销工作地图

要开展汽车营销活动，首先必须弄清汽车营销的基本工作范畴，即工作地图（图3-6）。

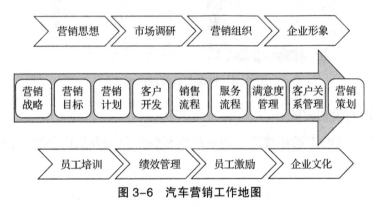

图3-6　汽车营销工作地图

2.汽车营销企业价值链

汽车营销企业价值链的实现，由企业的决策活动、基本活动和辅助活动的水平所决定，不仅仅是汽车销售部门的事情。其中决策活动决定方向，辅助活动为价值实现提供支持，基本活动决定销售结果和价值实现（图3-7）。

3.汽车营销管理的主要内容

汽车营销管理包括经营、管理、销售三方面的工作，在经营层面涉及经营思想和战略规划的确定；在管理层面涉及运营模式的确定、营销目标的定位和销售计划的制订；在销售层面涉及计划执行、客户服务、客户关系的建立与维护、销售过程管理等工作的落实（图3-8）。

图3-7　汽车营销企业价值链

图3-8　汽车营销管理的内容

4.汽车营销的盈利模式

在竞争日益激烈的市场环境下，传统的汽车整车营销方法已经黔驴技穷，必须有所突破（图3-9）。

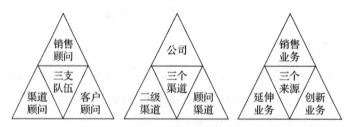

图3-9　创新的汽车整车营销盈利模式

（1）用好网络工具

线上线下相结合的O2O模式已经成为汽车营销的主流模式。在这种条件下，汽车营销活动一刻也离不开各种网络工具的应用，做好线上推广与沟通，线下体验与成交的各项工作。

（2）打造三支队伍

在整车销售过程中，不仅依赖销售顾问，而且充分发挥二级网点和由满意客户转化而来的"客户顾问"的作用，使一个销售顾问变成一支队伍，使一支销售队伍变成三支销售队伍。

（3）建设三个渠道

不仅依赖销售企业自己卖车，而且组织下沉渠道以及创业者、网销渠道、汽车经纪人一起卖车，使一个渠道变成三个渠道。

（4）开掘三个来源

不仅依赖传统的销售业务盈利，而且通过汽车金融、二手车业务等衍生业务盈利，通过开发全要素生产力等创新业务实现更多盈利，使一个盈利来源变成三个盈利来源。

5. 重审企业的战略模型

传统 4S 模式销售汽车具有专业性高、服务功能齐全、企业形象好等优势，但存在资金投入大、诸多业务间整合难度大、投资回报率小、产品选择性小和灵活性差等问题。

采用蓝海战略思考，重审自己的战略模型进行重新布局，是目前处在经营困难状态的 4S 店必须考虑的问题。蓝海战略的最大优势在于能够大大降低成本，提高客户的选择性、服务的方便性、灵活性，同时提高投资回报率（图 3-10）。

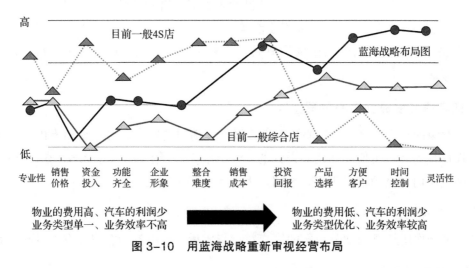

图 3-10　用蓝海战略重新审视经营布局

第三节　汽车整车营销的核心流程

经过长期实践，汽车整车营销核心流程日益完善，现在已经发展成 10 大流程，如图 3-11 所示。

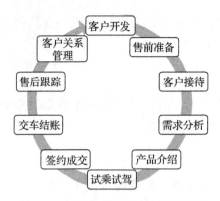

图 3-11 汽车营销核心流程的演变

一、客户开发

1. 市场竞争的本质是客户之争

面对日益激烈的市场竞争，汽车经销商遇到的最大的困难是客户难找，明知道每年有数以千万的客户要买车或置换汽车，但不少汽车经销商还是摸不到客户开发的门道。

实践证明，汽车市场习惯运用的销售流程及背景已经发生了根本的变化，卖方市场早已被买方市场所替代，市场竞争的本质已经发展成为客户之争。

只有握有更多的客户，市场价值才能源源不断地流入，经销商才能把握自己的生存与发展之路。相反，经销商的市场价值只会不断流出，如果生存都发生困难，发展就会成为空中楼阁。

2. 把客户开发放到核心位置上来

市场竞争的核心是客户，是他们决定着汽车经销商的输赢。经销商所有的经营策略和工作流程都是为客户价值的实现而设计的。离开客户，经销商将一事无成。在这种情势下，经销商必须明白自己的核心工作，想清楚下面 5 个基本问题。

（1）想清楚赚谁的钱

必须争夺你所从事的细分市场的客户数量与质量，运用各种客户开发工具找到客户。

（2）想清楚客户使用产品的频次

必须高度重视客户的置换规律，争夺客户的时间。

（3）想清楚你的渠道覆盖面积

必须下沉渠道，扩大争夺客户的空间。

（4）想清楚客户的终身价值

必须努力做好客户关怀，重视客户关系管理，争夺客户的钱包。

（5）想清楚客户为什么付钱

必须优化自己的经营活动，争夺客户对你的价值感知。

想清楚这些基本问题，经销商才会把自己的注意力集中到客户开发和客户关系的维系上来。因为汽车营销价值的实现，没有一项可以离开客户。

3. 客户开发与投资回报的关系

客户重视程度与经销商的投资回报密切相关，见图3-12。

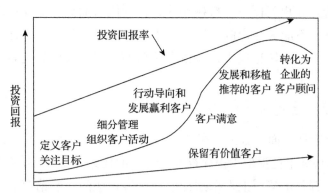

图3-12　客户重视程度与经销商的投资回报的关系

（1）定义客户、关注客户

要重视客户必须首先定义客户、关注客户，弄清楚谁是我们的客户。大多数经销商认为直接购买我们产品的终端客户就是我们的客户，这种想法看似不错，但实际上窄化了经销商对于客户范围的认识。因为，汽车经销商的客户实际上必须包括以下4个部分：

第一，终端客户——这是直接购买我们产品与服务的客户。

第二，渠道客户——这是经销商为拓展渠道发展的下沉网店，他们购买我们的产品与服务后，加上自己的服务，最终把产品和服务销售给终端客户。

第三，B2B客户——这是在经销商上下游为经销商销售产品与服务提供服务的企业，例如为经销商提供信息服务的互联网企业，为经销商提供美容、装潢、改装服务的企业等。

第四、内部客户——这是经销商组织架构中互为服务的各部门内部员工，正是由于各个部门服务活动的聚集，才能最后向客户提供完整的产品和服务。

难以想象，一个单打独斗、内部关系十分紧张的经销商能够获得大面积的客户资源，从而扩大自己的销售。

定义客户的目的是要周到、全面地关注客户，从"全局"的角度去设计经销商的管理策略，关注终端客户、渠道客户、B2B客户、内部员工，实现力量的聚合，客户开发能力的提升。

（2）细分管理、组织客户活动

客户管理需要活动去支撑、去维持。经常组织面对终端客户的促销活动，组织渠道客户和 B2B 客户的协作行动，组织内部员工的沟通与交流，有益于客户开发规模的扩大和客户管理生态系统的建设。

（3）行动导向，发展赢利客户

客户维护和客户关系管理需要采取一系列实实在在的行动作为导向，在行动中让客户增强良好的体验。客户关怀不是机械动作，需要因人而异，需要持之以恒，需要为客户带来便利、惊喜，不能为客户制造麻烦，不能做一半，放一半，这样才能增加我们与客户的黏性，放大客户的转移成本，保留有价值的客户，发展盈利客户，发展和移植客户推荐的客户。

（4）在客户中发展客户顾问

经销商对客户管理方面的投入，最大的回报是相当一部分客户把经销商当作朋友，当作自己人，最后自觉不自觉地承担起推荐新客户的任务，成为经销商的业余客户顾问。一个经销商能够拥有几十甚至上百个这样的业余客户顾问，经销商的销售队伍实际上已经得到了低成本的扩张，经销商就不愁没有客户上门。

4. 客户开发基本方法

（1）高度自信

吉姆原理（图 3-13）认为，做好市场开发工作必须相信自己的企业，相信自己的产品，相信自己的能力。因为所有企业都应市场而生，必有存在的意义；所有产品的设计生产总是指向满足一定的客户需求，因而必有自己的市场，所有销售人员都对自己的销售能力有所估计，希望达成自己的梦想。

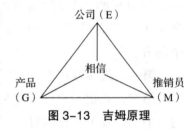

图 3-13　吉姆原理

（2）掌握信息

熟悉客户所关心的各类信息，包括：关于产品的全面信息、价格信息、渠道信息、促销信息；客户价值信息、客户基本信息、提供客户便利的信息、优化客户沟通的信息；企业与客户的关联的信息、企业对客户需求的反应的机制信息、企业与客户的长期关系的信息，以及有关的业务资料。

（3）掌握工具

工具是生产力的关键因素。销售人员在客户开发过程中，必须做好充分的准备，掌握客户开发的基本工具，包括利用公共关系、广告和互联网、营业推广、人员推广，以及利用互联网工具和策划各种活动建立和发展客户关系的工具。

二、售前准备

1. 售前准备的目的

售前准备的目的在于建立专业的销售形象，取得客户的信任。拥有客户所期望的个人品质，销售员就可以提高销售业绩。这些品质包括：仪容仪表、专业化、可信赖、真诚、积极的态度。展示良好的专业形象，建立客户信心；充分利用各项工具和销售流程，顺利地开展销售工作，建立销售员自己的信心。

2. 售前准备的内容

售前准备的内容，包括售前精神面貌的准备和展车准备。

（1）售前精神面貌的准备

保持饱满的精神，并在工作环境中展现乐观、积极的面貌。销售人员的生活应有充分的调适，睡眠充足，不要酗酒，在工作场合中永葆旺盛的斗志。

（2）售前服装仪容的准备

穿着统一的制服，保持整洁、合身；衬衫烫熨平整，领子、袖口应清洗干净，没有污渍；统一佩戴胸牌，保持干净平整；整理好头发，保持头发清洁，不染色，男士头发不可过长；保持手和指甲的清洁，修剪整齐；皮鞋擦拭干净明亮，袜子颜色与衣服和肤色协调；不佩戴过大或过于贵重的饰物；女士化妆需自然、淡雅，避免浓妆艳抹；避免让人不快的气味，包括体味、汗味、口臭；随身携带笔和文件夹，随时准备记录；随身携带名片。

（3）售前产品知识的准备

对于自己的产品，能掌握各车型的配备、性能和所有技术参数，并随时可以提供给客户，作为介绍和讲解的依据。对于和自己的产品形成竞争的厂牌和车型，要有能力提供给客户进行参数分析和比较。产品资料充分供应。

（4）售前生活素养的准备

提高自己的综合能力与知识，以便在工作中可以顺利地和客户接触，建议多了解社会热点新闻、经济信息、娱乐新闻、子女教育、旅游休闲、行业消息、金融信息、体育新闻等。

（5）售前汽车行业消息的准备

通过网站、培训、以及其他各类途径，掌握和了解汽车行业各品牌车型以及未来趋势信息，以便使销售员能够利用这些信息，应对各种市场变化和客户需求。

（6）售前面对客户的准备

包括公司简介、个人名片、品牌产品简介、待客饮料、展车、各种表单、试乘试驾车等各种准备。

三、客户接待

1. 客户接待的目的

客户接待的目的是确立经销商和销售人员在客户心中良好的第一印象，让客户的情绪由紧张转化为舒适，并通过对客户的关心，让客户关系的建立变得更加顺畅。

（1）第一印象

客户接待的目的是与客户建立关系，这是销售的第一步。客户在网络上了解经销商的产品，然后来店或来电，是最常见的购车方法。热情、周到的接待可以建立积极的第一印象。

（2）建立舒适区

在通常情况下，客户对购车经历具有一些疑虑。专业化的接待将会消除客户的紧张，并建立客户信心，营造一种友好愉快的气氛，让客户感觉到舒适和销售人员的热情，由焦虑区进入舒适区。

（3）建立控制区

通过客户接待，销售人员对客户的关心，会影响客户的情感，使客户对经销店产生好感，从而使整个客户关系的建立过程变得顺畅、可控（图3-14）。

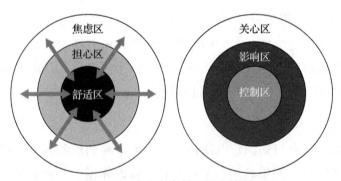

图 3-14　建立客户舒适区和控制区

值得注意的是，在O2O作为主流销售模式的情况下，客户的初步沟通已经完成，客户对经销商的品牌、产品、形象已经有了基本了解，这些客户与传统意义上的客户不同，在客户接待中，他们更关注的是面对面接触中获得的感觉与自己通过网络了解的信息和判断是否一致。对此，汽车销售人员尤其不能大意。

2. 客户接待的基本内容

客户接待的基本内容（表3-1）包括：及时热情地主动迎接客户，在营造的轻松氛围中随客户意愿给予周到接待，礼貌寒暄，递送饮料，简单介绍产品和留下客户信息，与客户建立初步关系。

表 3-1　客户接待基本内容

接待基本内容	说　　　明
主动迎接	第一时间招呼，热情迎接客户，及时递上名片，简短自我介绍并请教客户尊姓，询问客户的来访目的；热情、周到接待，建立积极的第一印象
周到接待	按客户意愿进行，请顾客随意参观，保持一定距离，避免给顾客造成压力，当客户有疑问时，销售人员主动趋前询问
礼貌寒暄	礼貌寒暄开始，扩大谈话面，给客户机会引导对话方向，先回应客户提出的话题，倾听、不打断顾客谈话
递送饮料	第一时间奉上免费饮料。客户选择：蒸馏水、茶水、速溶咖啡
介绍产品	介绍汽车品牌、销售店与销售人员个人的背景与经历，增加客户信心
留下信息	争取适当时机，请客户留下信息

3. 问候与首因效应

首因效应也称第一印象，是人与人第一次交往中给人留下的印象，在对方的头脑中形成并占据着主导地位的效应。首因效应也叫首次效应、优先效应或第一印象效应。它是指当人们第一次与某物或某人相接触时会留下深刻印象，可以在45秒时间内迅速形成。

第一印象作用最强，持续的时间也长，比以后得到的信息对于事物整个印象产生的作用更强。首因，是指首次认知客体而在脑中留下的第一印象。首因效应，是指个体在社会认知过程中，通过"第一印象"最先输入的信息对客体以后的认知产生的影响作用。

4. 建立客户信心

（1）对品牌的信心与热情

随时表现出销售员对品牌，对本经销商的信心与热情。

（2）真诚的语言表达

充分准备应对客户要求，充分准备回答客户提问。

（3）服装仪容

端正形象，建立客户信心。

（4）自我介绍

对汽车品牌、本店与销售员的精炼介绍，尽量使用各式简介、资料手册、剪报、媒体好评等，强化介绍的公信度。

5.客户接待的标准行为

（1）客户进入时

客户进入展厅时，接待的标准行为是：观察到达客户；在展厅大门内热情迎接客户，询问客户的来访目的；及时递上名片，简短自我介绍并请教客户尊姓；与客户同行人员一一招呼；如果正在接待其他客户而无法立刻出迎，应于第一时间点头招呼、请客户稍等，再尽快接待。

（2）客户自行看车时

按客户意愿进行，请客户随意参观；明确说明自己的服务意愿和候叫位置；在客户所及范围内关注客户需求，保持一定距离，避免给客户造成压力；当客户有疑问时，销售人员主动趋前询问。

（3）客户愿意交谈时

从礼貌寒暄开始，扩大谈话面，给客户机会引导对话方向；先回应客户提出的话题，倾听、不打断客户谈话；第一时间奉上免费饮料；介绍汽车品牌、本经销商与销售人员个人的背景与经历，增加客户信心；争取适当时机，请客户留下客户信息。

（4）客户离去时

放下手中其他事务，送客户到展厅门外，感谢客户光临，并诚恳邀请再次惠顾，目送客户离开，直至客户走出视线范围。

四、需求分析

1.需求分析的目的

在和客户沟通过程中，客户最关心的便是自己的利益，只有通过提问、倾听、了解，发掘客户的购买动机，明确客户的需求，销售人员才能知道在产品介绍的时候如何强调客户的利益，以便将产品有效地介绍给客户。

从网络上邀约到店的客户一般对汽车产品已有一定了解，并有明确的购车意向，因此更多地应当对他们的需求进行核实、确认。

2.需求分析的流程

需求分析的流程是：客户接触、提问、倾听客户的需求、总结客户的需求。

（1）客户接触

客户接触的前提是，获得客户线索和基本信息，获取与客户沟通的理由，确定客户接触的方法。

（2）提问

提问的目的是引出话题，给出谈话方向，鼓励对话方参与，使客户有一种被重视、被认同和找到知音的感觉；向客户表示出兴趣和理解，建立起信任，使客户关系的建立更加合理，避免误解。

提问的内容包括：

① 一般性问题——询问客户的买车背景，用车历史以预测未来买车动向。

② 辨识性问题——根据客户初步的说法，提出若干辨识性问题引导客户进一步说明需求。

③ 连接性问题——对客户的需求有一定了解之后，提出一些连接性问题，引导客户把需求转移到买车的主题上去。在需求分析的过程中，销售人员主要利用的方法就是提问。

提问有两种主要的方式，包括开放式提问和封闭式提问。

① 开放式提问的主要目的是收集信息，让客户展开话题，充分表露想法和意见、期望和需求。

② 封闭式提问的主要目的是确认信息，将客户的需求确定下来，最后确认哪些产品或服务能符合客户的需求。

（3）倾听

倾听不同于简单的听取，不同的倾听方式造成不同的效果。在倾听过程中应注意保持愉快的交谈环境，不随意打断消费者的表述，并做出积极的回应。

（4）总结客户需求

用提问的方式，协助客户整理需求并适当总结，记录客户需求，协助客户选择一款适合他的车型。当与客户完成谈话后，应该检查需求分析的清单，问一下自己是否已经问了足够多的问题；是否问了恰当的问题；是否做到了积极地倾听；是否对接受的信息做出了反应；是否清楚了消费者所要表达的意思；是否已经完全地了解了客户的需求。

3. 客户需求的特点

客户需求具有多样性、发展性、周期性、可诱导性和伸缩性的特点（图 3-15）。

（1）客户需求的多样性

客户需求的多样性不但体现在不同消费者的需求千差万别、同一消费者的需求多种多样，而且体现在不同消费者的需求结构也有不同，各层次需求的强度存在显著差别。例如，低端车消费者把生理和安全需要的满足看得更重；而高端车消费者则更看重自我价值的实现以及获得别人尊重。

图 3-15　客户需求的多样性

（2）客户需求的发展性

在总体水平上，汽车客户的消费水平是随着社会经济的发展以及人们生活水平的提高不断发展变化的。当汽车客户某些需求被满足以后，会产生新的、更高级的需求。

（3）客户需求的伸缩性

由于受到客户个性特征、购买能力、生活方式等内在因素和市场产品的供应、价格、传播、促销等外在因素的影响，客户的需求具有伸缩性。随着条件的变化，客户的需求可以扩大、增加和延伸，也可以减少、抑制和收缩。

（4）客户需求的周期性

客户某种消费需求得到满足以后，一段时间后，可能重新出现这种需求，这就是客户需求的周期性。客户需求的周期性受到客户的生理、心理特点、客户所处自然环境和社会时代的变化、客户的经济条件及消费习惯等周期性因素的影响。

（5）客户需求的可诱导性

客户的需求不是一成不变的，经过销售人员的影响，可以被诱导、被引导、被调节。

4. 客户需求分析的内容

完整的需求分析，应当包括：了解客户的需要，即客户买车的理由；了解客户的个性特征及文化背景；了解客户的能力，包括产品与服务的评价能力、支付能力和决策能力。

5. 客户需求的强度分析

根据马斯洛的需要五层次理论，人都有生理、安全、社交、尊重和自我实现的需要。但在汽车消费过程中，不同客户在需要各层次上的强度是不一样的（图3-16）。

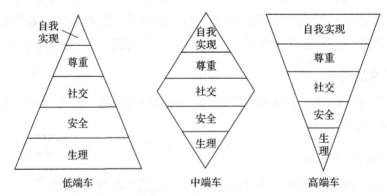

图3-16　不同汽车消费客户需要强度的差异性

（1）功能型需求

这部分客户的需求以产品的使用特点为主导，希望享受高技术,产品先进的应用功能,足够的动力性、操控性、方便性、舒适性，包括新能源汽车的安全性等。

（2）价值型需求

这部分客户的需求以体现地位为主导，希望通过购买行为彰显身份地位，体验品牌的象征性价值，并且追求物有所值，接受价格带来的更高价值。

（3）品牌型需求

这部分客户的需求以品牌的自我认同为主导，追求以自我为中心的对品牌的共鸣、认同和情感归属，接受信号刺激以引发内心对品牌的情感。

五、产品介绍

1. 产品介绍的目的

产品介绍的目的在于核实客户的消费需求，帮助客户认知汽车产品，强化客户消费欲望，坚定客户的购买动机。

2. 产品介绍的前提

产品介绍是销售人员通过对汽车各个方位的介绍，将汽车的整体性能介绍给客户的一种方法，是实现产品销售的重要环节。做好产品介绍的前提是：掌握全面的产品知识，明确产品介绍的主要目的，掌握产品介绍的程序及各方位介绍的重点（表 3-2）。

表 3-2　产品介绍的知识准备

产品知识					
整体构造	厂家历史	制造工艺	汽车性能	汽车效用	耐久性
各种功能	操作方法	动力性	安全性	舒适性	经济性
产品特色	流行	款色	色彩	技术参考	品牌
个人印象	装潢材料	成分优势	缺点问题	易产生问题	易产生抱怨
有关价格与条件的知识					
价格	性价比	优惠条件	库存情况	服务承诺	合同条款
各种税费	车辆保险	注册顺序	有关法规	可能意见	应对办法
其他相关知识					
流行情况	竞争车型	价格趋势	市场情况	购买心理	沟通技巧

3. 产品介绍的技巧

汽车客户接受信息的途径主要是看和听。向客户介绍汽车产品前应首先对产品进行概述，然后向客户展示选择后的车辆，并从那些客户最有兴趣，以及最能够满足客户需求的特点与益处开始，最后补充那些可能对客户有益处的特点。在产品介绍时，要重视客户的关注点，不必面面俱到。特别是在互联网高度发达的条件下，许多客户已经通过网络掌握了许多产品的相关信息，更加不要面面俱到。产品介绍要尽量让客户参与，鼓励客户提问，并引导客户体验。

4.产品介绍中的客户反应

在产品介绍中，要随时注意观察客户的反应，做到顺势而为，有的放矢。客户在听取产品介绍时主要有两种反应：积极的反应，例如频频点头，仔细观察细节等；消极的反应，例如双手抱胸并摇头，自言自语地轻声嘀咕等。

5.产品介绍的顺序

产品介绍应遵守基本顺序，强调产品配置、优势与特点，切忌背诵式介绍，高度重视客户反应，及时回答客户的问题（图3-17）。

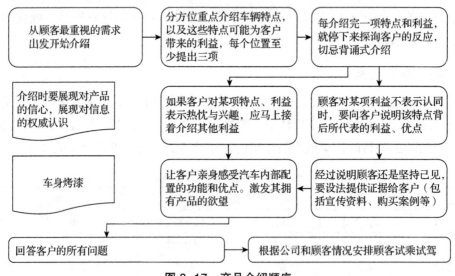

图3-17　产品介绍顺序

6.产品介绍中的竞品分析

为了更好地直接面对消费者，使消费者更加直观地了解产品，一定会涉及相关竞品，为此必须选取同类、同级别、同生命周期的竞品进行对比分析，目的在于从整体上或部分上凸现本产品的优势。在产品对比中，应当使用解释、说明、数据分析、情景演示、案例分析、第三方作证、权威机构说明等综合手段，以加强说服力。

在竞品分析中，必须坚持竞品对比的原则：保持热情和自信心，不攻击竞争产品，比较合适性，尽量启发客户让自己做结论。

7.产品介绍要把握的重点

产品介绍的前提是需求分析，产品介绍的内容要应对需求，产品介绍的次序要遵守流程，产品介绍的功夫是激发欲望，产品介绍的障碍是异议处理，产品介绍的技巧是竞品分析，产品介绍的过程要注意互动，产品介绍的结果是促进销售。

六、试乘试驾

1.试乘试驾的目的

试乘试驾是产品介绍的延伸，是让客户动态地了解车辆有关信息的最好机会。通过切身的体验和驾乘感受，客户可以加深对销售人员口头介绍的认同。试驾路线需经过精心规划，在试乘试驾过程中，应针对客户需求和购买动机，强化产品优势的客户体验。让客户在动态的体验活动中，更加感性地了解汽车产品，增强客户的购买信心，激发客户的购买欲望。

2.试乘试驾的流程

试乘试驾的基本流程是：试乘试驾准备、签订试乘试驾协议、销售人员驾驶、客户试乘、试乘试驾换手、客户试驾、试乘试驾小结。

3.试乘试驾线路安排

试乘试驾线路的设计应注意体现汽车的动力性、操控性和舒适性（图3-18）。

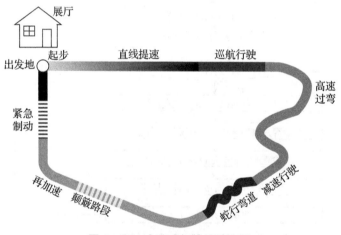

图3-18　试乘试驾的线路安排

4.试乘试驾前的准备

试乘试驾前应做好车辆和场地准备，向客户介绍试乘试驾活动的基本安排，询问客户是否愿意亲自驾驶，复印客户的驾驶执照，请客户签订试乘试驾协议，与客户确认试乘试驾路线，向客户解释车辆操纵机构和仪表板的基本功能（图3-19），新能源汽车的试乘试驾特别要强调事先介绍关于电的安全知识。

5.试乘试驾中的基本要求

试乘试驾开始，首先由销售代表驾驶，行驶一段距离后将发动机熄火，帮助客户就座，确保客户乘坐舒适，客户在熟悉车辆时，保持沉默，在客户驾驶过程中介绍车辆的性能和优点（图 3-20）。

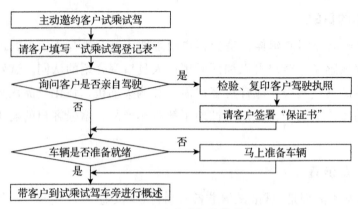

图 3-19　试乘试驾前的准备

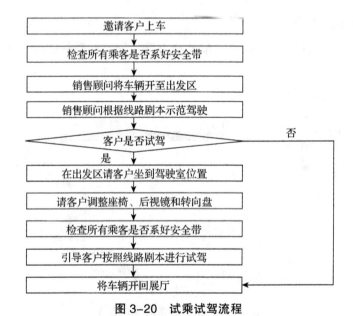

图 3-20　试乘试驾流程

介绍车辆的性能和优点的过程中，销售人员应当注意客户的反应，提供相关知识，及时帮助客户解决提出的问题。

6.试乘试驾中各路段要点说明

（1）出发前

展示车门开闭的声音，将座椅调整至舒适。

（2）出发起步

全程限速 80km/h！让客户体验发动与怠速运转，介绍发动机性能，体验转向盘的把握感觉，感受怠速时的静谧性。

（3）直线提速

介绍发动机加速性能，介绍电子加速踏板的优势。

（4）试乘试驾巡航行驶

介绍变速器换档的平顺性。

（5）高速转弯

注意减速！介绍室内隔音静谧性、音影系统、巡航定速系统。

（6）蛇型弯道

蛇型弯道驾乘一般安排在平坦、宽阔的道路进行，建议车速不超过60km/h，重点介绍车辆操控与稳定性能，转向的准确性，前座椅的包覆性与支撑感平坦性。

（7）减速行驶

试乘试驾减速行驶一般在宽阔的路面进行，建议车速不超过40km/h。主要介绍制动踏板的响应性，减速时车身的稳定性，演示最小转弯半径和灵活性，制动踏板的响应性，减速时车身的稳定性，底盘、悬架的稳定性和轮胎的附着力。

（8）颠簸路段

颠簸路段一般是指坑洼的柏油路或沙石路，长度应不小于500m，建议车速20~40km/h。主要介绍悬架带来的良好操控性和驾乘舒适性，车底对路噪的隔音效果等。

（9）再加速

主要介绍发动机的动力性能，尤其是后段的加速性能。

（10）紧急制动

主要介绍ABS+EBD的功能，紧急制动时车辆的稳定性和可操控性。

（11）停车

主要介绍电动助力转向的轻便性与灵活性，转弯半径与倒车的安全性等。

7. 试乘试驾后的基本要求

试乘试驾后销售人员应询问客户是否喜欢这个车型，在回展厅的路上，可以带客户参观售后服务部门，介绍售后服务的主要特色，寻求客户认同，也可以向客户馈赠一些试乘试驾小礼品，请客户填写"试乘试驾反馈问卷"，伺机进入汽车购买的洽谈环节。

七、签约成交

签约成交是实现汽车销售的重要环节，涉及价格洽谈、合同签订等重要事宜。必须认真对待。

1. 价格洽谈

（1）三步报价法

第一步，总结本车型的好处；第二步，强调本车型的价值，强调针对该客户需求带来的利益与冲击；第三步，报价。这样做的好处在于，让客户产生物有所值甚至超值的感觉。

（2）何时报价

与客户洽谈价格时，意味着购买基本就绪。只有在客户理解本车型的价值，并在实质上已显示出他的购买意愿时，开始报价才是最为有利的。

（3）化解争执

面对客户想付得越少越好，销售人员则想赚得越多越好的情况，设法理解市场价格；当客户并不完全了解他将要购买的产品和服务的全部价值时，销售人员必须耐心地介绍产品与服务可以为客户带来的利益，强调价值；当客户认为可以从众多的经销商那里买到产品时，要设法让客户全面理解产品，强调产品与服务对客户的合适性。

（4）端正态度

避免让客户发起价格洽谈；不要过早地将客户导向价格洽谈；绝不在价格面前投降；要知道只有在极端例外的情况下，价格才是决定性的因素。牢记建立价格与价值之间的平衡，是所有价格洽谈的目标所在。

（5）标准行为

利用报价单向客户解释商品价格；利用有关资料，向客户解释各项费用，并不断向客户确认；耐心回答客户的问题，清楚解释所有的细节内容；准备有关的汽车金融与保险讲解方案；利用相关资料说明精品加装，协助客户充分理解；准备计算器，即席进行计算说明；若客户同意签约，专心处理客户签约事宜，谢绝外界干扰。

（6）善待拒绝

了解客户的需求和抗拒原因，进一步提供信息；表示理解，不要对客户施加压力；给客户足够的空间和时间考虑；再次根据客户需求强调产品的优势，欢迎多做比较；礼貌地送别客户，欢迎再次光临。

2. 合同签订

合同签订必须符合合同法的相关规定，严格遵守家用汽车产品"三包"、召回等规定。未经供应商授权销售的汽车，应当以书面形式向消费者做出提醒和说明，并书面告知向消费者承担相关责任的主体。合同签订时不要做过度承诺，也要避免文字歧义。一旦合同成立，必须严格履行合同义务。

八、交车结账

1. 交车结账的目的

交车是与用户保持良好关系的开始，也是最令人愉快的时刻。经销商交车时执行标准作业程序与要领，确保车辆与服务品质，可以让用户对品牌的服务体制及商品保证有高度的认同，进而提升客户满意度，激发用户热情，与客户建立长期关系，并以此为契机发掘更多商机。交车结账时要让用户充分了解车辆的操作使用方法及安全注意事项，建立用户与售后服务部门的联系，说明售后服务的流程和内容。

2. 交车结账执行要点

（1）交车结账准备

交车结账要确保举行交车的场地清洁，交车时间决定之后，应通知客户并让客户确认；交车日要提前检查开票通知单、装饰单、交车确认表、PDI检查表、客户信息表等是否准备妥当；确认客户所要求的加装物品并检查加装物品是否正常工作，并把车辆提前清洗干净；销售人员在交车前，应对照"交车验收单"，对交付车辆进行验收、确认。

（2）服务说明

根据客户情况说明经销商全面的服务内容；介绍服务部门人员，以及服务部的营业时间、预约流程和服务网络；使用《用户手册》向用户解释车辆检查、维护的日程；重点提醒首次保养的服务项目和公里数；利用《保修手册》，说明保修内容和保修范围；说明发生故障的有关手续和联系方法；经用户同意，用胶贴将经销商的联络方式贴于驾驶侧车门内侧下方；进行安全驾驶和乘坐的说明。

九、售后跟踪

1. 售后跟踪的目的

售后维修服务是客户亲身体验经销商服务流程的良好机会。售后跟踪的目的是继续促进双方之间的长期关系，发掘更多的商机，提高经销商服务站的效益。

2. 售后跟踪的方法

定期电话、微信回访或亲访，发送客户关怀卡及生日卡等，定期提供车辆资讯及相关促销通知，通过客户关系管理系统的数据库挖掘、巩固客户关系，发现新的商机。

3. 与客户的定期沟通

做好用户管理计划，通过电话或微信与用户保持联系，关心用户用车情况，做好节日和生日问候的规划；每次跟踪后将新的用户信息填入"用户管理卡"；主动请用户提供可能的潜在客户购买信息；主动热情地邀请用户参加相关促销活动。

十、客户关系管理

1. 客户关系管理的含义

客户关系管理是企业为提高核心竞争力，判断、选择、争取、发展和保持客户所需的全部商业过程。客户关系管理通过系统化的客户研究，优化企业组织体系和业务流程，提高客户满意度和忠诚度，提高企业效率和利润水平。目前大多数企业的客户关系管理已经实现网络化，使用先进的信息技术，这为深度管理客户关系创造了有利条件（图 3-21）。

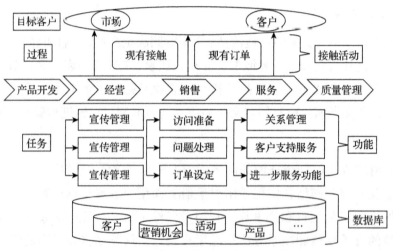

图 3-21　客户关系管理系统的一般模型

2. 客户关系管理内涵的扩张

整车销售微利时代，汽车后市场已经成为汽车价值链中的重要利润支柱。从潜在客户挖掘到客户成交，从整车销售到汽车金融、旧车置换、二手车交易，从客户购车、用车到客户价值全生命周期的深度开发，全都离不开客户关系管理这一利器。如何利用客户关系管理这一重要接口，打通经销商各部门间的业务壁垒，培育和发展客户关系，挖掘和实现客户价值，对于经销商尤其重要。事实上，客户关系管理系统不仅仅具有现有客户关怀和维护的功能，而且已经成为了经销商整个营销战略的核心武器。

3. 全面开掘客户价值

强调客户关系管理的目的，在于全面开掘客户价值，包括新客户的价值、老客户持续保有价值，老客户提升价值，竞争对手客户的转移价值和流失客户的挽回价值（图 3-22、图 3-23）。

图 3-22　全面开掘客户价值

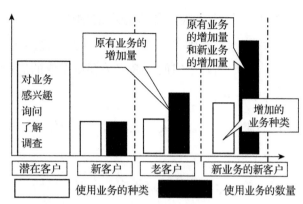

图 3-23　客户生命周期的划分及各阶段特点

4. 客户关系的两种形态

客户关系包括动态客户关系和静态客户关系两种形态（图 3-24）。动态客户关系的重点是深入进行客户资料的系统收集、客户资料的系统动态分析、客户关系的系统管理。静态客户关系的重点是营造客户满意和客户忠诚。

图 3-24　客户关系两种形态

5. 客户关系管理的原则

客户关系管理的原则包括：以最终顾客为焦点，来了解顾客；建立顾客忠诚度；创造顾客满意度与终身价值；整合顾客资讯于同一个平台上；发展以顾客为中心的统一客户关系管理架构；记住顾客以建立个人化的顾客经验；打造多重管道的使用经验；辨认顾客的差异与偏好。

6. 客户关系管理的 4 个正确

客户关系管理必须强调 4 个正确（图 3-25）。

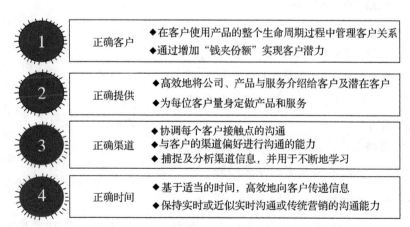

图 3-25　客户关系管理必须强调 4 个正确

7. 客户关怀是客户关系管理的中心

客户关怀处在客户关系管理的中心位置，客户关怀贯穿了市场营销的所有环节，绝非仅仅向客户问好送慰问。客户关怀更重要的应该包括：

（1）产品质量

产品质量应符合有关标准、适合客户使用、保证安全可靠。

（2）服务质量

提升客户与企业接触过程中的全方位体验。

（3）客户服务

客户关怀应当包括向客户提供产品信息和服务建议等。

（4）售后服务

客户关怀应当包括售后的查询和投诉保证，以及产品的便利维护和修理。

8. 客户忠诚的类型分析

客户忠诚有许多类型（表3-3），经销商应当追求客户的超值忠诚。

表3-3　客户忠诚的类型分析

类　型	垄断忠诚	惰性忠诚	价格忠诚	激励忠诚	超值忠诚
客户特点	客户无可选择，常指垄断经营	懒得寻找其他经销商	忠诚于低价格的经销商	看重奖励	认可企业表现，有很强的情感联结
	低依赖，高重复购买	低依赖，高重复购买	对价格敏感，低依赖，低重复购买	低依赖，低重复购买	高依赖，高重复购买

9. 客户忠诚度的指标体系

客户忠诚度的指标体系如图3-26所示。

1）客户的消费特点：包括客户对产品的提及率，对价格的敏感性，购买的自愿程度和客户满意度。

2）客户的消费金额：包括客户的钱包份额和对客户的交叉销售。

3）客户关系持久性：包括客户购买的持久性、客户的购买频率、客户购买频率的变化趋势。

10. 客户关系管理系统功能具体操作分类

1）客户和联系人管理：包括基本信息、活动

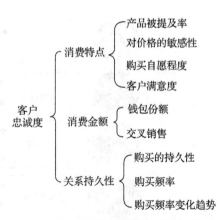

图3-26　客户忠诚度的指标体系

记录、订单输入、合同、联系记录等管理。

2）时间管理：包括工作日历、约会、计划、事件、预告、提示、邮件、微信等管理。

3）销售管理、项目管理、潜在客户管理：包括业务线索、客户升级、客户跟踪、计划进程、分销情况等信息管理。

4）电话和网络营销：包括电话列表、微信朋友圈、业务关联、电话与微信等管理。

5）营销管理：包括产品、价格、配置、营销百科全书、特定事件等管理。

6）客户服务管理：包括服务目录输入、项目安排、业务跟踪、事件处理数据库管理等。

7）呼叫中心管理：包括电话呼入、呼出、转移、微信平台等管理。

8）合作伙伴关系管理：包括合作伙伴共享文件、市场活动相关文件、销售管理工具等管理。

9）电子商务：包括个性化界面、网站内容、订单及业务处理、销售空间拓展、网站运行等管理。

10）商业智能：包括完成对用户定制的查询报告、报表工具、系统运行状态监视等管理。

11. 必须高度重视数据扩张和数据库管理

随着经销商营销活动的持续开展，有关客户关系管理的信息越来越多，多到连营销管理人员都很难快速地知道。例如：在这些信息里，到底有多少潜在客户信息？在这些信息里，有多少高价值的潜在客户信息？在这些信息里，包括哪些信息内容？在这些信息里，信息的质量如何？在这些数据里究竟存在哪些商机？如何针对这些潜在客户进行营销以促进销售？解决营销管理人员这种困惑的最佳方法，就是用数据库营销进行潜在客户信息的管理，并基于数据设计、实施有针对性的营销。

12. 客户关系管理与数据库营销的逻辑关系

客户关系管理与数据库营销存在着紧密的逻辑关系（图3-27），只有将客户关系管理与数据库营销有机地结合起来，才能达成客户关系管理的真正目的。

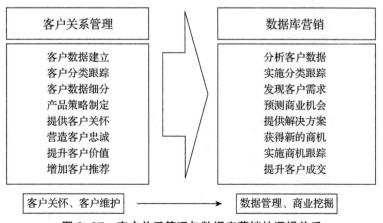

图3-27　客户关系管理与数据库营销的逻辑关系

本章小结

本章重点介绍了汽车营销的基本概念和主要理论，介绍了汽车营销组织的基本工作任务，介绍了汽车营销的关键思想和核心流程，介绍了完成汽车销售核心流程各环节的工作技巧。目的是使学生能够确立客户意识，把握汽车营销的本质，掌握各工作环节的基本技巧。

综合实训与练习

一、问答题

1. 简述汽车营销的定义。

2. 详细分析 4P 理论的主要含义。

3. 汽车营销有哪些核心概念？

4. 画出汽车销售核心流程图。

5. 详细阐述客户开发的主要方法。

6. 为什么说客户关系管理与数据库营销有着紧密的逻辑关系？

二、实训题

1. 组织学生区分直接来店购买和网上邀约客户到店洽谈的销售流程实训。

2. 在收集网络资料的基础上，讨论易车网、汽车之家等汽车垂直网站，在客户线索开发中各自的优势与弱点，并列表张贴展示。

第四章
汽车售后与维修服务

汽车既是一种高关心度商品，多功能型主题商品，生活日常型商品，高价贵重型商品，少次重购型商品，长期耐用和服务型商品，高附加值商品，又是使用环境涉及面很广的商品。汽车的这些特性，决定了消费者对汽车产品和服务十分在乎，要求满意度高，要求了解更多的信息；要求品牌保证，享受与此相对应的尊贵体验；要求享受服务的便捷、放心；要求与供应商长期关联，得到持续高质量的服务。汽车售后与维修服务是满足消费者这些基本期望的重要环节，做好汽车售后和维修服务，对于保障消费者利益，提升消费者满意度，打造服务品牌、推动品牌营销具有重大意义。

教学目的

通过本章学习，掌握汽车售后服务与维修服务的基本定义、售后服务的价值链，做好售后服务及维修服务的核心思想；掌握汽车制造企业和经销商售后服务的主要任务；掌握汽车维护保养、汽车故障诊断、汽车维修的主要工作及基本要求，以及遵守服务质量管理、安全管理、环保管理的自觉意识。

教学要求

通过课堂教学和自学、遵守工学结合的原则，了解汽车售后服务和维修服务的基本工作内容，并学会基本的汽车保养、汽车故障诊断、汽车钣金、汽车换件、汽车喷涂技术。

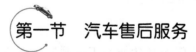

第一节　汽车售后服务

一、汽车售后服务的基本含义

汽车售出之后的维修、保养、服务以及所需的汽车零配件、汽车用品和汽车材料的市场是汽车后市场的重要组成部分，其中汽车售后服务是汽车后市场中内容最为丰富、容量最为庞大、价值最为客观的一部分。根据汽车在使用过程中服务范围的不同，汽车售后服务又可分为广义的汽车售后服务和狭义的汽车售后服务两种。

1. 广义的汽车售后服务

广义的售后服务可以延伸至原材料供应、产品开发、设计、质量控制、产品外包装设计以及市场调研等汽车生产领域的服务。

2. 狭义的汽车售后服务

狭义的汽车售后服务是指新车售出后，为消费者提供的从使用到回收报废各个环节所涉及的各类服务（图 4-1）。它包括维修保养、车内装饰、金融服务、车辆保险、"三包"索赔、二手车交易、废车回收、事故救援、汽车文化、汽车电商等服务。

目前一般汽车服务商对售后服务的范围理解主要集中在消费者购车后的用车服务上，有的汽车服务商甚至把售后服务仅仅理解为就是汽车维修，这种认识是有失偏颇的。

图 4-1　我国汽车后市场服务电商生态图

二、汽车售后服务的价值

1. 汽车售后服务的目的

汽车售后服务的目的是确保产品功能的正常发挥，为消费者解除用车过程中的后顾之忧，为企业增加营业收入。与此同时，服务过程中的信息反馈，又有利于企业正确决策，提高企业的市场竞争力，为企业树立良好形象。

2. 汽车售后服务价值链

汽车售后服务是与汽车这一特定产品相关的各个经营实体相互协作、相互作用的工作过程。汽车售后服务活动参与者包括了汽车的生产厂家、销售商、维修商、零配件供应商和消费者。汽车售后服务的价值链由所有这些参与者构成（图 4-2）。

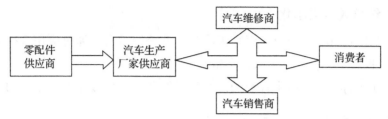

图 4-2 汽车售后服务价值链

3. 汽车售后服务的主要内容

汽车售后服务的内容十分丰富，包括汽车呼叫和响应中心服务，汽车信息服务，生产商提供的各类服务，为汽车整车和零部件提供的物流和配送服务，汽车的检测、美容、改装服务，汽车配件经营服务，汽车金融和保险服务，二手车评估与交易服务，汽车俱乐部及汽车文化服务等（图 4-3）。

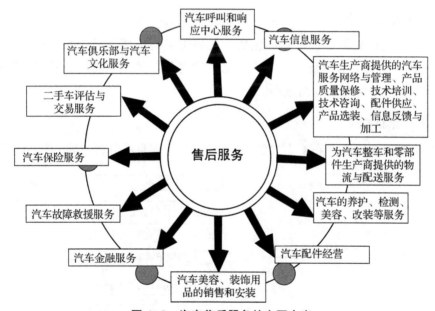

图 4-3 汽车售后服务的主要内容

三、汽车售后服务的核心思想

1. 为实现消费者利益而工作

汽车售后服务的目标是满足顾客需求，实现顾客满意。汽车售后服务的本质是为消费者的利益而工作，汽车售后服务的质量是汽车售后服务企业的生命。消费者的满意程度反映了对汽车售后服务的认同程度，因此汽车售后服务必须以提高顾客满意度为中心，保证服务质量。

2. 追求系统总成本最小化

汽车售后服务的精髓在于通过汽车售后服务系统的整合，通过应用系统的、综合的、一体化的先进理念和先进管理技术，在错综复杂的市场关系中使汽车售后服务价值链不断延长，并通过市场机制使整个社会的汽车售后服务网络实现系统总成本最小化。

3. 必须真心真行动

汽车售后服务的出发点是消费者需求的分析，汽车售后服务的目标是消费者满意，汽车售后服务过程的每一个环节必须强调消费者利益的实现，必须强调提供者的真心真行动。真心真行动的核心是诚信为消费者服务。

四、汽车厂商的售后服务

1. 汽车厂家的售后服务

（1）技术培训服务

汽车生产商的售后服务技术培训包括：主要用于销售环节的产品、服务、政策等针对性的用户培训，汽车结构及其技术、常见故障现象及排除、新产品技术、服务及保修政策、大型促销活动等服务网络培训。

（2）质量保证服务

质量保证服务包括质量保修规范的制定和质量保修信息的分析处理（图4-4~图4-6）。

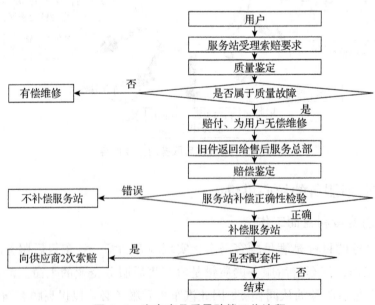

图 4-4　汽车产品质量赔偿工作流程

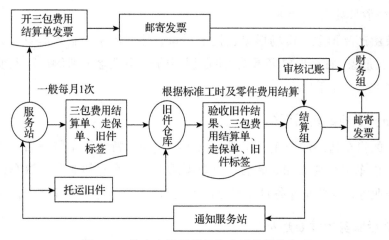

图 4-5 汽车产品质量保修费用结算流程图

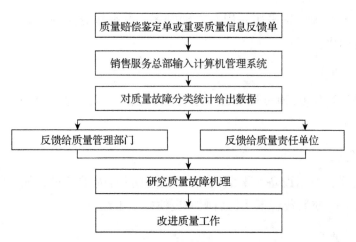

图 4-6 产品质量保修信息的分析处理

（3）配件供应

配件供应也是配件营销。配件供应的职能是维持汽车正常运转，取得经济效益，促进售后服务网络的运转和发展。配件供应需要做好的工作是确立合适的配件经营机制，做好配件的仓储作业，做好配件需求的科学预测，掌握现代仓储管理技术和互联网技术，实现配件供应工作的现代化。

（4）建立售后服务网络

建立覆盖面广、功能完善、厂商合作、密度适当的售后服务网络。售后服务网络的布局应遵守统一规划、分别建设相统一的原则，现实需要与市场开拓相统一的原则，服务能力与服务地域相统一的原则。售后服务网络的未来发展趋势是社区化，亦即缩短与消费者之间的空间距离。

（5）企业形象建设

企业形象由产品形象、市场形象、技术形象、环境形象、服务形象、员工形象、经营者形象、公关形象、社会形象等组成。企业识别的CI由理念识别（MI）、视觉识别（VI）、活动识别（BI）三大体系构成。

2. 汽车服务企业的售后服务

我国目前的汽车售后服务企业主要有汽车经销商、特约汽车服务站、小型维修店和汽车连锁店、汽车美容装饰和改装店、汽车俱乐部、汽车媒体服务、汽车信息服务、汽车文化服务企业等，这些企业各自在细分市场上为汽车消费者提供各类汽车售后服务。

3. 汽车售后服务的发展趋势

（1）品牌化经营

汽车售后服务必须告别平庸，用心打动顾客，并在服务实践中，打造服务品牌，使汽车售后服务商标化。

（2）以维护为主

为消费者的利益着想，通过提醒式服务、预约式服务，强化维护意识，提出零修理概念，以此增加消费者价值。

（3）信息化服务

通过专用仪器、专用设备、电脑网络、数据光盘等先进工具，强化线上线下的技术服务和非技术服务，使消费者享受售后服务更便捷、更经济。

（4）便利性服务

扩展汽车售后服务的社区网络，打造在距离上更靠近消费者、在时间上更快捷的经营业态和管理模式，为消费者提供专业化综合性服务。

五、汽车"三包"和召回服务

1. 汽车三包服务

（1）三包的目的

为了保护家用汽车产品消费者的合法权益，明确家用汽车产品修理、更换、退货责任。

（2）三包对象

在中华人民共和国境内生产、销售的家用汽车。

（3）三包责任

三包责任由销售者依法承担。销售者依照规定承担三包责任后，属于生产者的责任或者属于其他经营者的责任的，销售者有权向生产者、其他经营者追偿。

（4）三包原则

家用汽车产品消费者、经营者行使权利、履行义务或承担责任，应当遵循诚实信用原则，不得恶意欺诈。家用汽车产品经营者不得故意拖延或者无正当理由拒绝消费者提出的符合本规定的三包责任要求。

（5）三包管理

国家质量监督检验检疫总局负责规定实施的协调指导和监督管理，组织建立家用汽车产品三包信息公开制度，并可以依法委托相关机构建立家用汽车产品三包信息系统，承担有关信息管理等工作。地方各级质量技术监督部门负责本行政区域内对国家规定实施的协调指导和监督管理。

2. 缺陷汽车召回服务

（1）缺陷汽车召回服务的目的

缺陷汽车召回服务的目的是加强对缺陷汽车产品召回事项的管理，消除缺陷汽车产品对使用者及公众人身、财产安全造成的危险，维护公共安全、公众利益和社会经济秩序。

（2）缺陷汽车产品召回的基本内容

按照《缺陷汽车产品召回管理规定》要求的程序，由缺陷汽车产品制造商（包括进口商）选择修理、更换、收回等方式消除其产品可能引起人身伤害、财产损失的缺陷的过程。

判断汽车产品的缺陷包括以下原则：经检验机构检验安全性能存在不符合有关汽车安全的技术法规和国家标准的；因设计、制造上的缺陷已给车主或他人造成人身、财产损害的；虽未造成车主或他人人身、财产损害，但经检测、实验和论证，在特定条件下缺陷仍可能引发人身或财产损害的。

缺陷汽车召回的期限，整车为自交付第一个车主起，至汽车制造商明示的安全使用期止；汽车制造商未明示安全使用期的，或明示的安全使用期不满10年的，自销售商将汽车产品交付第一个车主之日起10年止。汽车产品安全性零部件中的易损件，明示的使用期限为其召回时限；汽车轮胎的召回期限为自交付第一个车主之日起3年止。

（3）缺陷汽车产品主动召回程序

主动召回：制造商自行发现，或者通过企业内部的信息系统，或者通过销售商、修理商和车主等相关各方关于其汽车产品缺陷的报告和投诉，或者通过主管部门的有关通知等方式获知缺陷存在，可以将召回计划在主管部门备案后，按照本规定中主动召回程序的规定，实施缺陷汽车产品召回。并做到有效停止缺陷汽车产品继续生产的措施；有效通知销售商停止批发和零售缺陷汽车产品的措施；有效通知相关车主有关缺陷的具体内容和处理缺陷的时间、地点和方法等；客观公正地预测召回效果。

指令召回：制造商获知缺陷存在而未采取主动召回行动的，或者制造商故意隐瞒产品缺陷的，或者以不当方式处理产品缺陷的，主管部门应当要求制造商按照指令召回程序的规定进行缺陷汽车产品召回。制造商应当在接到主管部门指令召回的通知书之日起5个工作日内，通知销售商停止销售该缺陷汽车产品，在10个工作日内向销售商、车主发出关于主管部门通知该汽车存在缺陷的信息。境外制造商还应在5个工作日内通知进口商停止进口该缺陷汽车产品。

3. 缺陷汽车召回与三包的主要区别

缺陷汽车召回与三包在性质、对象、范围、解决方式上具有明显区别（表4-1）。

表4-1 缺陷汽车召回与三包的主要区别

项目	性质	对象	范围	解决方式
汽车召回	为了消除缺陷汽车安全隐患给社会带来的不安全因素，维护公众安全	针对系统性、同一性与安全有关的缺陷	包括所有家用和运营车辆	发现缺陷，制造商向主管部门报告，采取有效措施消除缺陷，实施召回
汽车三包	保护消费者利益，当产品出现质量问题时由厂家免费修理，减少消费者损失	解决随机因素导致的偶然性产品质量问题	主要针对家庭用车	汽车经营者按照国家规定对有问题的汽车承担修理、更换、退货责任

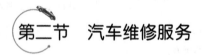

第二节 汽车维修服务

一、汽车维护保养服务

汽车维修服务包括汽车维护保养服务和修理服务两大部分。汽车维护保养服务是指为保持和恢复汽车的技术性能，保证汽车具有良好的使用性和可靠性的服务。及时正确的保养会使汽车的使用寿命延长，安全性能提高，既省钱又免去许多修车的烦恼。但是到目前为止消费者中"以修代养"的观念依旧比较普遍，因缺乏维护或保养不当引起的交通事故也屡有发生，应当引起高度重视。

汽车维护分为一般日常维护、一级维护和二级维护3个级别。各级维护的参考间隔里程或时间分别为：

1. 日常维护

日常维护是指日常性养护作业，由驾驶人负责执行，其操作中心内容是清洁、补给和安全检视。

2. 一级维护

一级维护一般上限值 10000km 或 30 日进行一次，由专业维修工负责执行，其作业中心内容除日常维护作业外，以润滑、紧固为主，并检查有关制动、操纵等安全部件。

3. 二级维护

汽车的二级维护一般上限值 40000km 或 120 天进行一次，以先达到为准。二级维护由专业维修工负责执行，其作业内容除一级维护作业外，以检查、调整制动系、转向操纵系、悬架等安全部件为主，并拆检轮胎，进行轮胎换位，检查调整发动机工作状况和汽车排放相关系统。

4. 季节性维护

除汽车的 3 级维护外，在夏、冬到来之前，为应对即将到来的炎热和寒冷气候，应当增加汽车的季节性维护，如更换季节所需润滑油，对冷却系统和保暖装置进行维护等。汽车的季节性维护也可结合汽车的一、二级维护一起进行。

二、汽车故障诊断

汽车的故障诊断方法很多，但必须有过硬的技术做支撑。

1. 运用人工经验进行诊断

如观察、试验、模拟、听觉、触觉、嗅觉、替换、度量、分段排除、局部拆卸、结构分析、排序分析等。

2. 运用故障树法进行诊断

按照逻辑分析的原则，绘出故障树，在原因链上找到故障原因。

3. 绘制故障症状关联表进行诊断

将症状有关原因排表列序，进行诊断。

4. 使用普通仪器设备诊断

用万用表、四轮定位仪、灯光检验仪、发动机尾气分析仪等专用测量仪器对汽车故障进行诊断。

5. 使用汽车电脑专用诊断设备诊断

汽车电脑专用设备主要用于本公司生产的车系，可以通过数据阅读，获得故障码，对车辆进行诊断。

6. 运用汽车电脑通用诊断设备诊断

把故障诊断的逻辑步骤和判断数据编成程序，由计算机执行各车系的诊断过程。

7. 运用汽车电脑自诊断系统进行诊断

现在一般中级以上汽车都设置了汽车故障电脑自诊断系统，在正常情况下，只要通过阅读故障指示灯就可以进行故障诊断。

8. 运用计算机专家系统进行诊断

将计算机技术与汽车维修技术相结合，形成诊断专家系统，提供给汽车维修人员参考。

9. 利用远距离故障诊断系统进行诊断

通过电子通信系统和网络技术将汽车运行的实际状态进行网上传输，以获得远程专家提供的技术支持（图 4-7）。

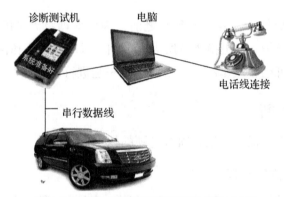

图 4-7　汽车状态远程监测信息传输方案

三、汽车故障排除

汽车故障排除的方法：一是换用新件，二是修复旧件，三是代替和互换。

1. 换用新件

对一些不可修复的汽车零部件，最好的办法是换用新件。换用新件的关键是要保证配件质量，注意新品配件的型号、出厂日期、生产厂商等。较为复杂的新件在换件时还需先进行必要的性能检测，以保证新件技术状态良好，达到维修目的。

2. 修复旧件

汽车上大多数的零部件是可以通过技术手段或维修工艺进行修复的，特别是经济价值较高的基础件，如发动机缸体、曲轴、连杆、散热器、底盘的大梁、前轴、车身等。

只要在经济上合算，技术上可行，一般应对旧件进行修复。

3. 代替与互换

如果一时找不到需要更换的配件，且客户急于用车，可以利用汽车配件目录，查找可互换和代替的零部件。一般情况下通用件是可以代替与互换的，但代替与互换一般只是临时措施，强调使用正品配件才符合汽车维修的规范。汽车再利用件，可以使用，但必须质量相当，并在使用前向消费者明确告知。

四、汽车检测

1. 汽车检测的概念与类型

（1）汽车检测的概念

汽车检测是确定汽车技术状况或工作能力的检查。汽车检测的目的是确定汽车整体技术状况和工作能力，检验汽车技术状态与标准值的相差程度，保障汽车行驶安全及防止公害。

（2）汽车检测的主要类型

汽车检测的主要类型包括：汽车年度审验，汽车维修质量评定，营运车辆等级评定，新车或改装车性能检测，进口车商品检验，汽车安全与防治公害诸方面的性能检查。

（3）汽车检测结果的使用

汽车检测结果一般用于：提出汽车维护、修理和使用建议，预测汽车的使用寿命，监督和评定维护和修理质量，评定营运车辆等级、划分营运车辆类型，为交通、公安部门发放有关证件提供依据。汽车检测也是汽车故障诊断的基础。

2. 汽车检测诊断技术的发展

20世纪初，汽车的检测诊断基本上是依靠人工进行的。20世纪中叶，形成了以故障诊断和性能调试为主的单项检测技术，并大量应用声学、光学、电子技术、物理、化学以及这些学科与机械相结合的检测诊断技术。到了20世纪七八十年代，电子技术、传感技术、计算机技术在汽车检测诊断、检测数据采集处理自动化、检测结果直接打印等方面获得了广泛应用。20世纪80年代以后，汽车检测诊断技术随计算机技术和信息技术的发展继续得以拓展。新能源汽车的逐渐推广和智能网联技术在汽车上的应用，使汽车检测诊断技术有了更大的发展。

3. 汽车检测仪器设备产品的发展

20世纪中叶前，汽车检测一般都使用通用的机械类检测诊断仪器设备。20世纪中叶，检测诊断向专业化、多功能、多学科技术含量的方向转化并快速发展。如出现了车速仪、车轮仪、废气分析仪等。随着科学技术的发展，20世纪中后期，计算机技术、信息技术、数码技术被广泛应用于汽车检测诊断的数据采集、信息传播、状态分析中。仪器设备自动化程度高，状态分析贴切，结果显示直观，出现了一系列更加先进的汽车诊断设备和汽车自诊断系统。

4. 汽车检测机制

我国的汽车检测工作由交通部门统一管理，并由在全国各地建立的、交通部门认证的汽车检测场站执行，负责新车的登记和安全检测，确定修理后的汽车安全性能和排放量符合国家标准。

5. 汽车检测的基本方法

（1）检测线检测

检测线检测按使用性能划分主要有综合性能检测、安全性能检测、摩托车性能检测。检测的目的主要是通过年审，维修质量鉴定与评定，营运车辆的等级评定和客车类型划分，汽车安全与防治公害性能的检查，进口汽车检验，新车或改装车辆的性能检验。

（2）维修过程检测

这是工艺过程的检测，主要对承修车辆接车检测、拆解过程中的零件检测、修复后的量值检测、装合工程中的总成检测、整车维修竣工检测。大型维修企业应当设置符合要求的检测工位和检测设备。

（3）例行检测

运输企业对在用车辆进行例行的技术状况检测，目的在于检查车辆的技术状况，保障车辆技术状况良好和运行安全。

6. 汽车检测试验的分类方法

（1）按照对汽车性能检测目的分类

包括产品定型试验，这是设计、样车试制后、量产前的检测；质量检测试验，这是对生产中的汽车进行检测，目的在于检验产品质量的稳定性，发现问题；车辆技术等级评定，这类检测的目的在于评定车辆的动力性、燃料经济性、制动性、转向操纵性、灯光、喇叭、废气排放、汽车防雨密封性、整车外观等；在用车维修检测试验，目的是对维修质量进行评定；其他专项检测试验，目的是对汽车系统的工作性能进行检测试验，如百公里油耗、尾气排放试验、汽车密封性试验。

（2）按照试验方式分类

包括道路试验法，台架试验方法，实验场检测试验等。

7. 汽车检测的主要内容

（1）整车性能检测

包括汽车动力性检测、汽车燃油经济性检测、汽车通过性检测、汽车行驶平顺性检测、汽车操作稳定性检测、汽车前照灯检测和车速表检测等。

（2）部件性能检测

包括发动机性能检测、传动系检测、转向系检测、制动系检测、行驶系检测、电气设备检测、电子控制设备检测和网联设备检测。

五、汽车钣金

1. 汽车钣金的主要内容

汽车钣金主要对由于各种碰擦造成的汽车车身及其附近区域的损伤进行维护和修理（图4-8）。

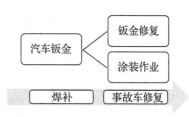

图4-8　汽车钣金的主要内容

2. 汽车钣金修复常用工具

汽车钣金的手动工具主要包括：球头锤、橡皮锤、铁锤、镐锤、冲击锤、精修锤、垫铁、修平刀、撬镐、凹坑拉出器、拉杆、金属剪、板材剪、划针、划规、门手柄工具等。

汽车钣金的动力工具主要有：气动扳手、气动钻、气动打磨机、气动手提震动剪、电动砂轮机、真空吸尘器、热风枪、龙门剪板机、折弯压力机等（图4-9）。

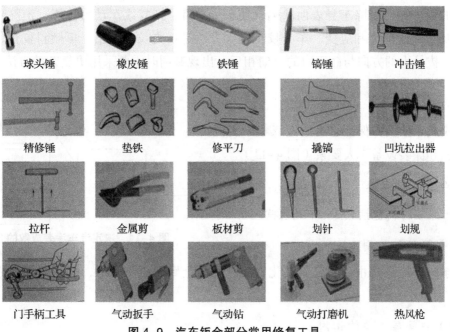

图4-9　汽车钣金部分常用修复工具

3. 汽车钣金件常用修复方法

钣金件常用修复方法主要有敲击修理法、撬顶修理法、拉伸修理法、加热收缩法、起褶法等。

4. 汽车钣金件的更换

汽车钣金件（图4-10）的更换主要运用切割、整形、焊接、铆接、螺栓等形式来作业。

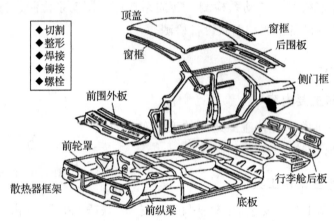

图4-10　汽车钣金件（部分）

5. 车身校正

车身校正是通过外力牵拉，使车身几何形状和尺寸恢复到原有状态的工艺过程。车身校正的目的是：消除车身表面缺陷；使车身准直，恢复汽车动力性能；消除碰撞造成的车架及车身的应力和应变。车身校正基本方法是：先长度校正、再倾斜校正、最后高度校正。拔拉力的方向与碰撞力的方向相反。出现皱褶时需要采用更复杂的方法。

六、汽车涂装

完成汽车涂装并保证它的质量依赖涂装材料、涂装工艺和涂装设备3大要素（图4-11）。

1. 汽车涂装材料

汽车涂装材料包括底漆、中间层涂料和面漆。

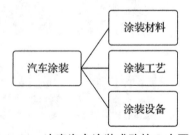

图4-11　决定汽车涂装成败的3大要素

（1）底漆的作用

底漆的作用是防止金属表面氧化腐蚀，增强金属表面与腻子、腻子与面漆之间的附着力。

（2）中间层涂料的作用

中间层涂料的作用是提高被涂物表面的平整度和光滑度，封闭底漆层的缺陷，提高漆面的鲜映性和丰满度，提高装饰性，增加涂膜厚度，提高耐水性。

（3）面漆的作用

面漆的作用是提高对金属的防腐蚀性，装饰漆面使之色彩鲜艳、光亮丰满，耐水、耐热、耐油、耐磨、耐化学腐蚀。

2. 面漆的主体成分

面漆的主体成分包括成膜物质、颜料、溶剂和添加剂（表4-2）。

表4-2　面漆的主要成分及作用

成　　分	作　　用
成膜物质	是油漆的主体成分，作用是使颜料保持明亮状态，使之坚固耐久并能粘附在物体表面，是决定油漆类型的物质。面漆通常通过添加增塑剂和催化剂来调整、改进它的耐久性、附着力、防蚀性、耐磨性和韧性
颜料	是油漆中两种不挥发物质之一，它赋予面漆色彩和耐久性，同时使油漆具有遮盖力，并提高强度和附着力，改变光泽，改善流动性和涂装性能
溶剂	是油漆中的挥发成分，它的主要作用是充分溶解漆膜中的树脂，使油漆能正常涂抹。优质的溶剂能改善面漆的涂抹性能和漆膜特性，增强光泽，减小油漆网纹，从而减少抛光工作量，同时也有助于更精确地配色。除了油漆中已有的溶剂外，还有用作稀释油漆使它的黏度适合涂布要求的稀释剂
添加剂	目前油漆工艺发生了巨大的变化，添加剂的使用也越来越常见。虽然添加剂在油漆中的比例不超过5%，但它们起着各种重要作用，有能加速干燥并增强光泽的固化剂，有减缓干燥速度的缓凝剂，还有能减弱光泽的消光剂。有些添加剂起的是综合作用，即减少起皱、加速干燥、防止发白及提高耐化学物质的能力

3. 涂装前处理材料

涂装前处理包括脱脂（除油）、除锈、磷化3个部分，包括脱脂除锈、水洗、磷化、钝化、磷化膜的干燥等工序。使用材料主要有脱脂剂、除锈剂、表面调整剂、磷化剂、钝化剂等。

4. 涂装后处理材料

涂装后处理材料主要有除锈蜡和抛光剂。

5. 涂装中的配套材料

涂装中的配套材料包括稀释剂、防潮剂、催干剂、流平剂和固化剂等（图4-12）。

6. 汽车涂装工艺

汽车涂装工艺经历了一个由低级向高级的发展过程（表4-3）。

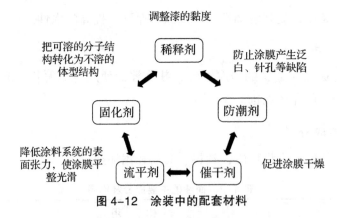

图4-12　涂装中的配套材料

表4-3　汽车涂装工艺

涂装工艺	说　明
早期汽车涂装工艺	早期汽车涂装一般采用"底漆——腻子——本色面漆"或"底漆——腻子——中间层涂料——本色面漆"的工艺，在低档车辆涂装中大量采用。早期的轿车涂装一般使用"底漆——腻子——中间层涂料——单层金属闪光漆"
当前轿车涂装工艺	一般采用"底漆——腻子——中间层涂料——金属闪光底色漆——罩光清漆"或"底漆——腻子——中间层涂料——本色底色漆——罩光清漆"的工艺
新型涂装工艺	外观美观、豪华、别致、规整、闪烁均匀、立体感强、丰满有艺术感染力采用工艺： 1. 底漆——腻子——防石击中间涂料——中间层涂料——金属闪光底色漆——罩光清漆 2. 底漆——腻子——中间层涂料——金属闪光底色漆——底色漆——罩光清漆 3. 底漆——腻子——防石击中间涂料——中间层涂料——金属闪光底色漆——底色漆——罩光清漆

7. 汽车涂装设备

目前汽车涂装主要使用空气喷涂法，是将经油水分离的压缩空气通入喷枪，使涂料槽中的涂料产生负压喷出，并雾化喷到产品表面形成涂层的涂装方法。低压空气喷枪，使涂料利用率有所提高。空气喷涂法的喷涂装置包括喷枪、压缩空气供给及净化系统、输漆系统等，而喷漆工位还需备有除尘空调供风系统、排风及清除漆雾的喷漆室等。根据汽车涂层的基本要求，一般采用电泳法涂装底漆或底面合一面漆，采用空气喷涂法或静电喷涂法涂装面漆。

8. 汽车喷涂环保

（1）减少喷涂材料的挥发性有机化合物

目前减少喷涂材料的挥发性有机化合物的方法，主要以采用水性中涂涂料和粉末涂料为代表。面漆涂料以水性底色漆为中心，与粉末罩光清漆或高固体分（HS）罩光清漆相组合。阴极电泳 + 水性涂料（或粉末涂料）+ 水性底色漆 +HS 罩光清漆（或粉末罩光清漆）是当今普遍认为符合环保要求的汽车车身涂装工艺。

（2）改进喷涂设备，提高涂着效率

如采用机械手杯式静电喷涂替代往复式静电自动喷涂机，又如采用可变幅的杯式静电喷枪和弹夹式供漆、换色系统，来提高涂着效率和减少换色清洗溶剂剂量及涂料的损失，以达到提高涂料的有效利用率，节省资源，减少挥发性有机化合物的排放量的目的。

（3）采用新材料、新技术，简化涂装工艺

如日本马自达汽车公司与涂料公司协作，开发成功 3C1B 有机溶剂型中 3C1B 涂装技术。这种面漆涂装工艺可节省总能耗 15%~20%；在调整涂膜厚度和采用机器人喷涂提高涂着效率等综合措施的基础上，大幅度降低涂料使用量，使挥发性有机化合物排放量削减 45% 以上；在使用溶剂型涂料时也能实现欧洲的 VOC 排放限制水准（35g/m²）以下；同时，涂装加工区总体成本降低 25%，生产时间缩短 15%。

9. 汽车涂装人员保护装置

汽车涂装必须注意使用环保油漆，并注意作业防护。在涂装作业中，必须使用相关的保护装置（图 4-13）。

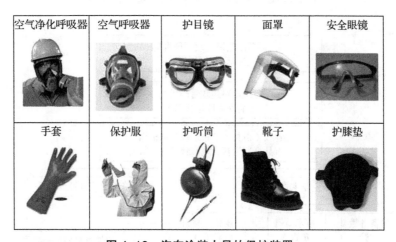

图 4-13 汽车涂装人员的保护装置

七、汽车维修质量管理

1. 汽车维修质量管理的概念

汽车维修质量管理是为保证和提高汽车维修质量所进行的调查、计划、组织、协调、控制、检验、处理及信息反馈等各项活动的总和。

2. 汽车维修质量管理的任务

汽车维修质量管理的任务主要是加强质量管理教育，制定企业的质量方针和目标，严格执行汽车维修质量检验制度，对维修全过程进行监督控制。通过计划、执行、检查、改进，不断提升汽车维修质量（图 4-14、图 4-15）。

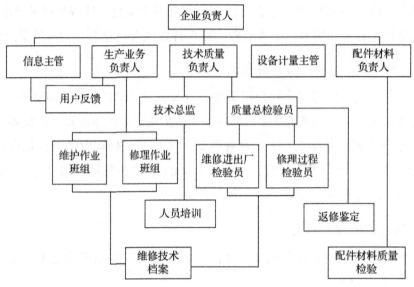

图 4-14　汽车维修企业维修质量保证体系

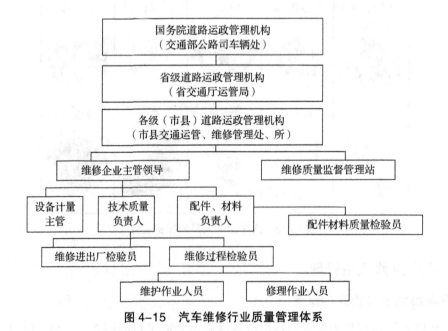

图 4-15　汽车维修行业质量管理体系

本章小结

本章重点介绍了汽车售后服务与维修服务的基本定义，售后服务的价值链，做好售后服务及维修服务的核心思想，汽车售后服务的主要任务，以及汽车维护保养、汽车故障诊断、汽车维修的主要工作及基本工作要求，以及遵守服务质量管理、安全管理、环保管理的重要意义及具体要求，目的在于使学生强化客户服务意识，并掌握汽车售后服务和维修的基本技能。

综合实训与练习

一、问答题

1. 做好售后服务和维修服务应当确立哪些核心思想？

2. 分别描述汽车各级维护保养的任务与要求？

3. 运用网络工具搜索相关信息，描述目前油漆使用过程中，减少喷涂材料的挥发性有机化合物的主要做法。

二、实训题

1. 组织学生完成一次汽车的一级保养。

2. 组织学生完成一项规定的钣金或喷涂任务。

第五章
汽车金融服务

随着汽车消费日益增长，以及消费者观念的转变，汽车金融的红利时期正在到来，汽车金融成为汽车产业价值链上的重要环节。《2017 中国汽车互联网金融发展报告》指出，随着汽车消费市场需求的日益增长，从新车市场到二手车市场，汽车金融市场每年的业务规模有数万亿元之巨，汽车金融服务的需求十分旺盛，且保持着持续增长的态势，未来的汽车金融市场蕴含着极大的发展空间。

教学目的

通过本章的学习，掌握汽车金融和汽车金融服务的基本含义，了解汽车金融的发展趋势，熟悉汽车金融服务的主要形式和服务流程，熟悉汽车金融风险的管控要点。

教学要求

通过自学、课堂教学和综合练习，理解汽车金融和汽车金融服务的基本含义，了解汽车金融的发展现状与未来趋势，掌握目前我国汽车金融的主要形式和工作流程，并能运用互联网工具及时查阅、分析、整理我国汽车金融发展现状和趋势，了解我国汽车金融的形式变化。

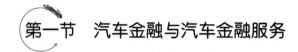

第一节　汽车金融与汽车金融服务

一、汽车金融概述

1. 汽车金融的定义

汽车金融是汽车在生产、流通、购买和消费环节中融通资金的金融活动，包括资金筹措、信贷运用、抵押贴现、证券发行和交易以及相关金融、投资活动等。它是汽车制造、汽车流通、汽车维修服务与金融机构相互结合、相互渗透的必然结果。

2. 汽车金融服务

（1）汽车金融服务

汽车金融服务，主要是指在汽车流通和消费过程中的资金融通活动，它是由资金融通活动中涉及的汽车金融机构、汽车经销商、汽车购买者、汽车金融工具等几个关键因素所组成的一个完整的系统。汽车金融服务包括经销商库存融资服务、汽车营运机构融资服务、个人消费信贷服务、融资租赁服务等。

（2）汽车金融服务的方式

汽车金融服务的方式主要包括消费信贷服务、融资性租赁服务、购车储蓄服务、汽车消费保险服务、信用卡服务等。

（3）汽车金融服务的作用

汽车金融服务是汽车产品流通和消费的润滑剂，对促进汽车产业的发展有着不可替代的作用。

3. 汽车金融服务的三大发展趋势

（1）多元化

多元化是指融资对象、金融服务类型、地域的多元化。即汽车金融公司不再局限于只为本企业品牌的车辆融资，而是通过代理制将融资对象扩展到多个汽车品牌，并将传统的购车信贷扩大到汽车衍生消费及其他领域的个人金融服务，满足了消费者多方面的金融需求；而汽车金融服务公司根据不同地区的客户需求提供相应的汽车金融服务产品，不同地区的客户选择任何方式消费汽车均可获得相应的金融支持。

（2）现代化

现代化是指现代信息技术在业务操作和风险评估过程的广泛应用，充分利用互联网开展业务。

（3）国际化

国际化是指汽车业在全球范围内的重组。汽车业跨国公司已在全球范围内组织生产、销售和提供金融服务。汽车金融服务全球化的形式正趋于多样化，从品牌融资代理到设立分支机构的方式均不鲜见，改变了以往设立全资子公司的单一形式。跨国汽车金融服务机构通过全资、合资、合作、代理融资等方式正在全球范围展开激烈竞争。

二、汽车金融的发展历史与现状

1. 汽车金融的起源

国外的汽车金融业务起源于 20 世纪初，汽车制造商向用户提供的汽车销售分期付款。

当时汽车还属于奢侈品，因而银行不愿意向汽车消费发放贷款，这给汽车购买者和销售商造成了障碍，致使很多消费者买不起汽车。但制造商提供的分期付款却大大占用了制造商的生产、运营资金。为解决这个问题，20 世纪 20 年代初，美国的汽车公司开始组建自己的金融公司，从而开始了汽车信贷消费的历史。

2. 美国汽车金融的发展阶段

国外大型车企的金融业务收入占汽车销售收入的比重呈不断上升趋势，比例约在 5%~15% 之间。各大车企汽车金融业务盈利一般占到其销售收入的 1.5% 左右，汽车金融业务已成为汽车公司盈利的主要来源之一。美国汽车金融的发展，大致经历了 4 个阶段。

（1）初级阶段

20 世纪初，汽车作为奢侈产品，没有汽车金融。1917 年用于个人购买私人汽车的消费信贷出现。

（2）发展阶段

20 世纪 30 年代，汽车公司开始组建自己的财务公司，开创汽车金融业务的先河。

（3）专业化阶段

20 世纪中叶，汽车金融已经成为与汽车销售同行的模式，通过信贷和租赁卖车成为汽车销售的主要方式。

（4）金融创新阶段

目前，汽车金融已经发展成为一种体系，采用各种创新方式发展汽车金融。美国汽车金融贷款占汽车销售额的 70%，贷款购车的比例高达 85%。

3. 我国汽车金融的发展现状

2014 年我国汽车金融市场规模已经超过了 7000 亿元。2012—2014 年复合增长率超过 33.6%，渗透率也已超过 20%。

2015 年，"互联网"成为不少汽车金融参与者的全新标签。2015 年，大众汽车金融（中国）相继推出了汽车贷款在线预审平台和经销商在线平台，开启了全新的汽车金融服务模式。目前，全国范围内以车辆抵押借款为主要业务的金融企业、P2P 平台得到了迅速发展。

随之而来的是，全面覆盖汽车全产业链金融服务的互联网汽车金融，几乎已渗透到汽车产业链上的每一个环节，汽车金融渗透率将达到 50% 以上，整个汽车金融市场会达到 1.5 万亿以上。

4. 我国汽车金融职能的提升

汽车金融最初的职能仅仅是向汽车生产企业的经销商及其下属零售商的库存产品提

供贷款服务，并允许其经销商向消费者提供多种选择的贷款或租赁服务。

随着其业务范围和职能的不断拓展，汽车金融服务公司开始逐步向消费者、经销商和生产商提供多种形式的全方位金融服务。

现代的汽车金融业已经衍生出行业金融的职能，除了汽车消费信贷服务外，还包括融资性租赁、购车储蓄、汽车消费保险、信用卡等。

汽车金融已经渗透到了贯穿制造、销售、消费、直到最后报废的整个汽车产业的每个环节及相关产业，形成了比较完整的金融服务产业链。

第二节 我国汽车金融的主要形式

一、汽车消费信贷

1. 汽车消费信贷的含义

汽车消费信贷是个人或家庭用于满足个人购买汽车需求的信贷，主要由银行、汽车金融公司或其他金融机构对消费者提供的信贷。我国的汽车消费信贷，采用封闭式信贷形式，是指一段时间内以相同金额分数次偿还债务的方式，包括抵押贷款、汽车贷款等。

2. 汽车消费信贷的模式

我国汽车消费信贷的模式主要有银行为主体的直客式、经销商为主体的间客式、非银行金融机构为主体的间客式三种模式。

3. 汽车消费信贷的流程

各汽车金融机构的汽车消费信贷基本流程大致相同（图 5-1）。

（1）购车合同

消费者到经销商处选定拟购汽车，与经销商签订购车合同。

（2）贷款申请

消费者到银行信贷部门提出申请，填写"汽车消费贷款申请表"，提供相关资料原件或复印件。

（3）调查审核

银行对借款人和担保人的资信情况进行调查，提出贷款额度、期限、利率等具体意见，签订《汽车消费贷款合同》。

（4）抵押保险

借款人在贷款银行指定的保险公司预办抵押物保险，明确第一受益人为贷款银行，保险期限不得低于贷款期限。

（5）核准放款

贷款银行向经销商出具"汽车消费贷款通知书"，借款人同时将购车首期款支付给经销商。

（6）抵押手续

消费者本人或委托经销商到车辆管理部门办理车辆抵押手续。

（7）公证手续

经销商陪同借款人到银行办理公证手续，并将购车发票等交费证据交给贷款银行。

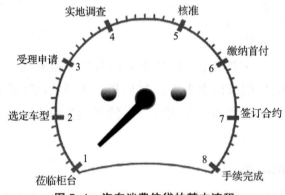

图 5-1　汽车消费信贷的基本流程

二、汽车保险服务

1. 汽车保险的含义

汽车保险是以经济合同的方式建立保险关系，集合多数单位或个人的风险，合理记收分摊金，由此对特定的灾害事故造成的经济损失或人身伤亡提供资金保障的一种经济形式。这是一种商业行为、合同行为、权利义务行为、保险行为。

2. 汽车保险常用名词

（1）保险标的

保险合同中载明的投保对象，包括人的生命、身体、财产、利益、责任。

（2）被保险人、保险人、投保人

被保险人：受保险合同保障的汽车所有者。保险人：有权经营汽车保险的保险公司。

投保人：与保险公司订立合同，负有支付保险费义务的单位或个人，即办理保险并支付保险费的人。

（3）第三者

保险人为第一者，被保险人为第二者，被保险人及其财产和保险车辆上所有人员及财产以外的其他人员及财产为第三者。

（4）保险价值

投保人与保险人订立保险合同约定的保险标的的实际价值。

（5）实际价值

投保或事故发生时所投保车辆剔除折旧等因素以后的价格。

（6）保险金额

保险公司赔偿的最高限额。

（7）保险费

交给保险公司的实际费用。

（8）免赔额

指按事先约定，被保险人自行承担一定比例金额的损失。

（9）相对免赔额

指损失额在一定的免赔额内不赔，超出免赔额时，保险人按实际损失额不做折扣的赔偿。

（10）绝对免赔额

无论什么情况保险公司都不赔的金额。

（11）免赔率

保险公司赔偿金额中不赔部分占总金额的比例。

（12）不计免赔

按照约定范围，应该由被保险人承担的部分损失，由保险公司赔偿。

（13）保险责任

保险条款中列明的保险公司能够赔偿的内容。

（14）责任免除

保险条款中列明的保险公司不负责赔偿的部分。

（15）勘察

车辆发生事故后，保险公司的人员到事故现场查看、拍照、测量、分析，对事故车辆或受损财产进行初步鉴定的工作。

（16）保险赔款

出险后保险公司经过赔款理算，最终付给被保险人的赔款。

3. 机动车交通事故责任强制保险

机动车交通事故责任强制保险（以下简称"交强险"）是我国首个由国家法律规定实行的强制保险制度，是必须投保的险种。《机动车交通事故责任强制保险条例》规定：交强险是由保险公司对被保险机动车发生道路交通事故造成受害人（不包括本车人员和被保险人）的人身伤亡、财产损失，在责任限额内予以赔偿的强制性责任保险。

4. 汽车商业保险

汽车商业保险的险种涉及范围相当广，主要包括：

1）基本险：包括第三者责任险和车辆损失险。

2）附加险：包括车上人员责任险；无过失责任险（事故发生人物损害，被保险方无过失，但已经支付无法追回的费用）；车载货物掉落责任险；玻璃单独破损险；车辆停驶损失险（自然灾害和事故造成的车辆损失及停驶损失）；自燃损失险（车辆故障造成的损失）；新增加设备损失险（指新增设备）；不计免赔特约保险（按责任应承担的免赔的金额）等。

5. 汽车保险的手续

车辆保险按如下手续办理：个人车辆办理投保时，应携带驾驶人本人的身份证、驾驶证、车辆行驶证、介绍信以及有关投保车辆相关的证件。若是从事个体营运的车辆还应携带营业执照、准运证等证件，到保险公司办理。经验明证件后填写车辆投保单，并将投保车辆开到指定地点进行必要的检查，符合保险条件后，由投保人确定起保时间，并核收保险费。约定驾驶人的应提供驾驶人的《机动车驾驶证》。保险有效期以一年为限，也可以少于一年，但不能超过一年。期满后可以续保，并重新办理手续。保险单一式两份，投保人应妥善保管本人的一份保险单和保险费交纳收据，如在保险期限内出险，将以此作为索赔依据。

三、汽车租赁服务

1. 汽车租赁的含义

汽车租赁是指消费者通过与汽车销售者之间签订各种形式的付费合同，以在约定的时间内获得汽车使用权为目的，经营者通过提供车辆功能、税费、保险、维修、配件等服务实现投资增值的一种实物租赁形式。

2. 汽车租赁业的兴起

1918 年 9 月，沃尔特·雅各布在美国提出："如果您无法买一辆轿车，那么为何不在您需要的时候租一辆呢？"于是汽车租赁业就在这一想法下诞生了，沃尔特·雅各布也由此创立了世界上最早的汽车租赁公司。我国汽车租赁业是 20 世纪 90 年代才逐步为人们所熟知的。随着经济的持续快速发展和人们生活水平日益提高，汽车租赁在逐步融入普通百姓的生活，形式也在发生变化，"共享汽车"实际上就是一种分时租赁的形式。

3. 汽车租赁的分类

按经营目的分类，汽车租赁可以分为经营性租赁、融资租赁；按时间长短分类，汽车租赁可以分为长期租赁、短期租赁和分时租赁。

4. 汽车租赁中的保证金缴退

汽车租赁客户在签约日，须向汽车租赁公司支付双方约定的租车保证金。一般而言，租赁到期结清费用后，由汽车租赁公司无息退还给客户。

5. 汽车租赁应注意的问题

汽车租赁客户的驾驶人必须持有中华人民共和国公安交通管理部门签发的有效机动车驾驶证，并具备一年以上的驾驶经历。汽车租赁提车时应注意：自行检查、确认车辆的技术状况和设备状况是否一切正常，并掌握车辆的各种性能和操作方法，点清车辆的各种证件和必备工具，验收签名后才能驶离。汽车租赁客户必须对所租车辆进行日常例行检查保养，必须每日检查车辆的燃料、机油、制动液、离合器油、助力转向器油、防冻液、蓄电池电解液、轮胎气压、里程表、灯光信号等。如发现任何问题，须立即到汽车租赁公司检修补充，或与汽车租赁公司联系及时采取处理措施。

四、汽车融资租赁

1. 汽车融资租赁

融资租赁是汽车金融服务的重要组成部分，汽车融资租赁与一般的设备融资租赁一样，也是一种以"融物"代替"融资"，最终实现"融资"，从而达到促销目的的信用交易形式。

2. 融资租赁的重要意义

融资租赁的重要意义在于实现了物品使用权和所有权的分离。目前国际上流行的汽车融资租赁方式，已经成为一种厂商卖车、用户买车的新型销售模式。

3. 融资租赁方式

汽车融资租赁是一种买卖与租赁相结合的汽车融资方式。一般而言，汽车融资租赁须具备一定的条件，否则不属于汽车融资的范畴，而只是一般的汽车租赁。这些条件包括：

第一，消费者须向经销商支付相应的租金（汽车使用补偿费）。

第二，如果消费者支付的费用（包括租金及相应赋税）已经相当于或者超过汽车本身的价值，依照汽车租赁合同，消费者有权获得该汽车的所有权。

第三，如果消费者（承租人）在租期届满时所付租金总额尚未超过汽车价值，消费者（承租人）此时享有选择权，对租期届满后的汽车可以下列任何一种方式处理：在补足租赁合同中事先约定的相应余额后成为汽车的所有权人；如果汽车现值高于上述约定的余额，消费者可以出卖所租汽车，向经销商偿还该余额，保留差价从中获利；将该汽车返还给出租人。

第四，在租赁期间，消费者欲购买所租汽车，消费者不必以一次性付款的方式付清尾款。

4. 汽车融资租赁与消费信贷的差异

汽车融资租赁与消费信贷的差异见表 5-1。

表 5-1　汽车融资租赁与消费信贷的差异

对比点	融资租赁	消费信贷
交易的载体	以汽车为主的实物	货币
租期物的所有权	出租人	商品支付或生效时所有权转移到购买方
交易的结构	三方当事人，两个合同	买卖双方，买卖合同
对象不同	转移资产使用权，且不受出租人所持租赁资产限制	限于卖方所持有的资产
筹资额度不同	100% 融资	一般相当于购车款的 70%~80%

五、汽车再融资

1. 汽车再融资

汽车再融资是国外汽车金融的通行做法。汽车再融资是指合同持有人，通过受让汽车分期付款零售合同的合同债权，与作为债务人的消费者重新安排分期付款协议的内容，从而实现对消费者提供融资，它是在汽车金融服务机构以分期付款方式为消费者提供金融服务之后的第二次融资。

2. 汽车再融资机构

可以从事此项再融资服务的机构包括：汽车销售融资公司以及其他持有汽车分期付款零售合同的人。两者在法律上统称为"汽车分期付款零售合同持有人"。前者是指向一个或多个汽车零售商购买或受让汽车零售商和消费者之间签订的汽车分期付款零售合同或者汽车融资租赁合同，专门为汽车零售商和消费者提供金融服务的组织，包括商业银行、投资银行、信托公司、信贷联盟；后者主要包括出让或者受让汽车分期付款零售合同的汽车零售商。

3. 汽车再融资的法律问题

受让人通知消费者（债务人）的义务。合同持有人从其前手受让合同债权时，必须通知作为债务人的消费者，否则，该合同转让行为对消费者不产生效力。再融资人应消费者（债务人）请求而对其提供再融资，实质上是变更该消费者与原汽车零售商签订的分期付款零售合同。再融资人如再行转让该合同，则其后手应当受此合同变更的约束。

六、汽车金融产品举例

1. 现代金融的零等贷等额产品

期限：12个月，特点：0利率。现代汽车公司金融"零等贷"，仅需20%首付起，乐享12期/年超值零利率购车贷款金融服务，越贷越轻松，生活更精彩。适用车型：YF索纳塔、ix35、途胜、全新胜达。

2. 现代金融的礼享贷等额产品

期限：12、24、36、48、60个月，特点：低利率，低月供。现代汽车金融"礼享贷"，仅需20%首付起，长达60个月超长低息贷款，财富生活，尽在掌握，更有丰富贴息活动恭候。适用车型：全系车型。

3. 现代金融的双享贷5050产品

期限：12个月，特点：无月供、低月供。现代汽车金融"双享贷"，首付50%，贷款期限为12个月，在最后一个月支付车价50%的尾款，全程无月供/低月供。适用车型：YF索纳塔、ix35、途胜、全新胜达。

4. 通用的汽车金融产品

通用汽车金融的产品包括等额还款、等本还款、智慧还款、无忧还款、分段式还款等多种形式（表5-2）。

表 5-2　通用的汽车金融产品

公司	产品名称	产品介绍	产品特点
通用金融	等额还款	借款期内，每期还款金额相同的一种方式。贷款期限为 13~60 个月，首付低至 20%	每月数额相同的还款金额方便记忆，适合收入稳定、追求简单而便利生活的人
	等本还款	借款期内，每期还款额逐步递减的一种方式	适合收入较高，现金流稳定，同时追求高性价比的客户
	智慧还款	智慧还款是将贷款分成头尾两部分，于首期和末期分别归还。在贷款期限结束时有三种选择：全额付清智慧尾款；申请 12 个月的展期；二手车置换	月供低，适合收入在一定期间内会有较大数额的额外收入，同时生活态度较为时尚前卫，车辆更新需求较大的客户
	无忧智慧还款	无忧智慧还款俗称"贷一半，付一半"；贷款期末还款 50%，在贷款期限结束时有三种选择：全额付清尾款；申请 12 个月的展期；二手车置换	月供与智慧还款相比更低，适合有一定积蓄，现金流有较大波动情况，同时生活态度较为时尚前卫，车辆更新需求较大的客户
	分段式还款	将贷款分成若干段，每段包含数期还款；在每个单一的段中，每期还款总额不同；贷款期限结束时有两种选择：全额付清尾款；二手车置换	灵活弹性的组合，月供较低，适合现金流波动幅度大而相对规律的客户

5. 丰田的汽车金融产品

丰田的金融产品（表 5-3）形式多样，设计考虑满足消费者的多种需求。

表 5-3　丰田的汽车金融产品

公司	产品名称	产品介绍	产品特点
丰田金融	等额本息	最低首付不低于 20% 最长期限不高于 60 个月	1. 灵活丰富的首付和期限选择 2. 满足大部分客户对于传统贷款的需求
	轻松融资	① 3-3-3；② 3-2-4；③ 5-1-5；④ 2-1-6	可一次付清可选择 12 个月展期
	跳跃贷	① 24 个月；② 36 个月；③ 48 个月；④ 60 个月	高低月供组合，可任意指定一年内某个月份偿还高月供
	无本贷	① 36 个月；② 48 个月；③ 60 个月	首年仅还利息，本金延期一年后开始归还，降低资金压力
	"智慧贷"升级购车计划	首付比例：30% 及以上 贷款期限：12 个月，24 个月，36 个月 尾款比例：60%/55%/50%	签约回购型金融产品，最大限度降低购车压力，客户无需承担车辆残值风险

七、汽车金融创新

1. 明确目标客户

汽车金融服务创新必须明确目标客户，按照不同客户需要设计金融产品（图 5-2）。

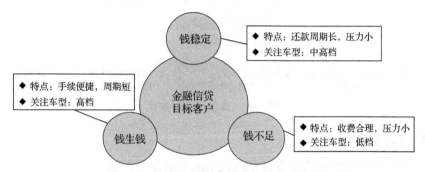

图 5-2　按照不同客户需求设计金融产品

2. 疏通业务渠道

创新金融服务必须疏通业务渠道（图 5-3）。

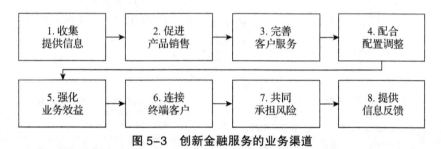

图 5-3　创新金融服务的业务渠道

3. 解决核心问题

创新汽车金融服务要解决的核心问题是：

（1）转变思想

确立金融销售从新车销售开始的思想，为客户购买金融产品制造"放弃成本"。

（2）转变情感

确立汽车金融产品销售的主动意识，为客户购买金融产品制造感动和满意。

（3）转变行动

确立价值链整合的思想和方法，管理汽车金融活动，推行以价值链业务为核心的整合营销。

4. 加强员工和客户教育

做好汽车金融营销的关键是教育员工和客户（图 5-4），强化一对一营销和公众营销。

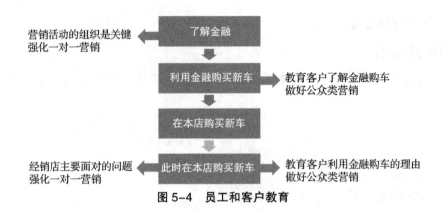

图 5-4　员工和客户教育

5. 研究驱动因素

理解不同客户群体共同的资金使用需求,是驱动车贷产品需求的直接动力(图 5-5)。

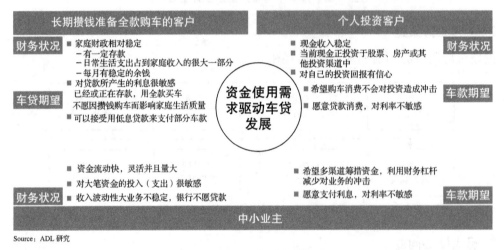

Source：ADL 研究

图 5-5　金融服务的驱动因素

6. 捕捉渗透时机

抓住新车上市、营销推广、需求分析、成交洽谈、促销活动、旧车置换等各种时机,渗透汽车金融业务(图 5-6)。

图 5-6　捕捉金融服务的渗透时机

第三节　我国汽车金融的风险防范

一、风险与风险管理

1. 风险

风险是指某种事件发生的不确定性，实际与预期结果的差异，损失机会和损失的可能性。

2. 风险因素

风险因素是指促使某一特定损失发生或增加其发生的可能性或扩大其损失程度的原因。它是风险事故发生的潜在原因，是造成损失的内在或间接原因。

（1）自然风险因素

自然风险因素是指由自然力量或物质条件所构成的风险因素。

（2）道德风险因素

道德风险因素是与人的品德修养有关的无形的因素，即是指由于个人不诚实、不正直或不轨企图，故意促使风险事故发生。

（3）心理风险因素

心理风险因素是与人的心理状态有关的无形的因素，即是指由于人们不注意、不关心、侥幸，以致增加风险事故发生的机会和加大损失的严重性的因素。

（4）社会风险因素

由社会经济状况产生的风险因素，如战争、通货膨胀、生产力进步等。

（5）经济因素

客户的经济状况发生消极变化。

3. 风险管理

风险管理是研究风险发生规律和风险控制技术的一门新兴管理科学。它是一个组织或个人用以降低风险的负面影响的决策过程。具体而言，就是组织或个人通过风险识别、风险估测、风险评价，并在此基础上优化组合各种风险管理技术，对风险实施有效的控制和妥善处理风险所致损失的后果，以最小的成本获得最大安全保障。

二、汽车金融的主要风险

1. 环境风险

环境风险是指外部环境变化导致企业经济状况恶化的风险。

2. 市场风险

市场风险是指市场情况发生变化导致企业经营目标无法完成的风险。

3. 财务风险

财务风险是指财务结构不合理、融资不当导致企业丧失偿债能力导致的风险（筹资风险、投资风险、存贷管理风险、流动性风险、人事风险）。

4. 道德风险

道德风险是指借贷人欺诈等不良行为导致的风险。

三、汽车金融风险防范

1. 风险防范要点

防范金融风险必须依规经营，并且做好下列工作（图 5-7）。

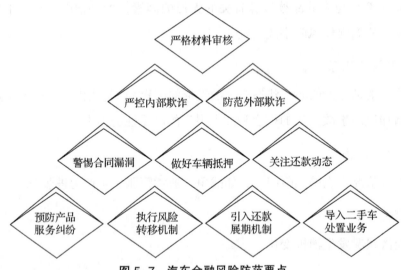

图 5-7　汽车金融风险防范要点

2. 风险防范的流程

（1）风险识别

对尚未发生的、潜在的和客观存在的各种风险系统地、连续地进行识别和归类，并分析产生风险事故的原因。

（2）风险估测

通过对所收集的大量资料进行分析，利用概率统计理论，估计和预测风险发生的概率和损失幅度。

（3）风险评价

对风险发生的概率、损失程度，结合其他因素全面进行考虑，评估发生风险的可能性及其危害程度，并与公认的安全指标相比较，以衡量风险的程度，并决定是否需要采取相应的措施。

（4）选择风险管理技术

风险管理技术分为控制型和财务型两大类。控制型的目的是降低损失频率和减少损失幅度，重点在于改变引起意外事故和扩大损失的各种条件。财务型的目的是以提供基金的方式，对无法控制的风险做财务上的安排。

（5）风险管理效果评价

风险管理效果评价是指对风险管理技术适用性及收益性情况的分析、检查、修正和评估。风险处理对策是否最佳，可通过评估风险管理的效益来判断，即能以最小的风险成本取得最大的安全保障。效益＝安全保障/成本＝对策减少的损失/（所需费用＋机会成本）。

本章小结

本章重点介绍了汽车金融和汽车金融服务的基本含义，汽车金融服务的发展趋势，汽车金融服务的主要形式及服务流程，汽车金融风险的防控等内容。目的在于使学生通过学习加深对汽车金融作用的了解，并提升学生利用互联网工具搜集、分析、整理、比较各种汽车金融工具特点的能力，掌握一般汽车金融服务应当掌握的基本技能。

综合实训与练习

一、问答题

1. 什么是汽车金融？什么是汽车金融服务？
2. 写出汽车消费信贷的基本流程。
3. 什么是汽车融资租赁？
4. 汽车金融的风险主要包括哪些？如何管控汽车金融风险？

二、实训题

1. 通过汽车垂直网站和汽车金融机构网站，查阅汽车金融机构推出的汽车消费信贷的具体形式，并进行特点比较。
2. 利用互联网工具查阅"庞大汽车融资金融"的基本做法，画出融资租赁流程图。

第六章
汽车网络营销服务

信息科技的发展与普及，大大拓宽了消费者获取信息的渠道，网络已经成为消费者了解汽车产品和品牌的主要渠道。大多数消费者通过网络来了解车市行情、选择车型和商家。

按照市场发生的深刻变化，汽车厂商都非常重视采取网络营销。网络营销最大的优势在于能够便捷、快速且没有时间、空间限制地为消费者提供各种赏车、购车、用车服务，充分发挥企业与客户之间的双向互动，为客户提供个性化的服务，深受消费者特别是年轻消费者的青睐。

教学目的

通过本章学习，掌握汽车网络营销的基本概念、主要工具及使用技巧，懂得主动跟进的重要意义，正确处理客户线索与转化的关系，明确网络营销工具与传统营销方法高度融合的重要作用，从经销商整体战略的角度，懂得强化网络营销的组织管理，与客户保持双向互动，实现线上线下联动在网络营销目标实现中的重要意义。

教学要求

通过自学、课堂教学和综合练习，理解网络营销的基本含义和重要意义，熟悉汽车网络营销的主要工具，并提高汽车网络营销基本工具的应用能力。

第一节　认识网络营销服务

一、汽车网络营销概述

1.汽车网络营销的含义

网络营销概念的同义词包括网上营销、互联网营销、在线营销、网络行销、移动互联网营销等。网络营销是以现代营销理论为基础，借助互联网、通信和数字媒体技术对产品、服务所进行的一系列经营活动，从而达到满足客户需求的全部营销过程。

网络营销是汽车厂商整体营销战略的组成部分，是建立在互联网基础之上借助互联网特性来实现一定营销目标的新型营销手段。科技进步、客户需求结构变化、市场竞争加剧等综合因素促进了网络营销的快速发展，是汽车营销信息化的必然产物。

2. 为什么要开展网络营销

网络营销对经销商来说，成本增加不大，投入大约增加 10% 左右，但能大大降低获取客户线索的运营成本，拉动销量。有些做得好的经销商开展网络营销后的销量，一般能够提升 30% 左右，甚至更高。

3. 汽车网络营销的特点

（1）网络营销的基础

网络营销以互联网为技术基础，不仅实现了汽车营销活动与电脑和其他智能设备的连接，更重要的是建立了企业与用户及公众的连接。

（2）网络营销的核心

网络营销以互联网为载体，建立了广泛的社会关系网络，客户是网络营销的核心。网络营销的出发点是客户的需求，网络营销追求的结果是客户满意，并推动汽车厂商的发展。因此，网络营销绝非单指网络技术、网络设备、网络程序或网页内容。

（3）网络营销的重点

网络营销的重点是为顾客创造更高的价值。网络营销要实现的是建立一个以顾客为核心的价值关系网络。

（4）网络营销的系统性

网络营销包括系统的规划、实施及运营管理，不仅仅是某种方法或某个平台的应用。网络营销的实际效果必须经受汽车市场营销实践的检验。

（5）网络营销的本质

网络营销不可能脱离汽车厂商的营销战略和营销环境单独存在。严格来讲网络营销理论是传统营销理论在互联网时代的应用和发展，其本质仍然是"盈利性地营造客户满意"。

（6）网络营销不等于网上销售

网络营销的所有活动的最终目的都是为了实现汽车厂商品牌形象的提升，并推动产品销售。网上销售是网络营销追求的结果之一。

（7）网络营销不等于电子商务

网络营销是企业整体战略的组成部分，网络营销本身并不包括完整的商业交易全部过程。网络营销的最大优势在于它在交易发生前发挥着主要的信息传递作用。因而它只是电子商务的一个重要环节。

4.汽车网络营销的核心价值

汽车网络营销的核心价值是使目标客户更精准，沟通方式更互动，线索收集更快捷，服务成本更节省，客户数据更完整（图6-1）。

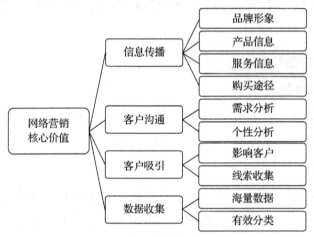

图6-1 汽车网络营销的核心价值

5.如何充分利用网络资源

（1）把付费的资源用好

每个网站都会有自己的积分规则，既然付了费就要认真做起来，争取自己在同城排名第一。

（2）提升自己的公关能力

让相关媒体把文章推送到更好的位置，因此必须提高自己的公关能力。

（3）不忘使用免费资源

市场上有许多希望与经销商合作的媒体网站，一旦合作首先会提供免费试用资源。

二、汽车网络营销发展趋势

1.汽车网络营销的起源

汽车网络营销的产生与互联网技术对汽车行业的日益渗透密切相关。由于计算机和互联网技术的快速发展，人类对海量数据的处理能力达到了前所未有的高度。在汽车营销领域，先是门户网站网络广告的推出，搜索引擎和论坛、博客的广泛应用，然后是垂直网站对汽车细分市场的加速渗透，移动互联网更是把手机引入营销竞争之中。20世纪

90 年代，一些互联网媒体，以新的方式、方法和理念，通过一系列网络营销策划、制定和实施的营销活动，有效地促进了汽车销售，在这种情况下网络营销应运而生。

2. 汽车网络营销的发展

随着互联网对汽车营销的影响不断扩大，消费者的购买习惯开始发生微妙变化（图 6-2），人们对网络营销的理解进一步加深，加上越来越多的网络营销成功案例，汽车厂商开始意识到网络营销的诸多优点，并越来越多地通过网络进行营销推广。

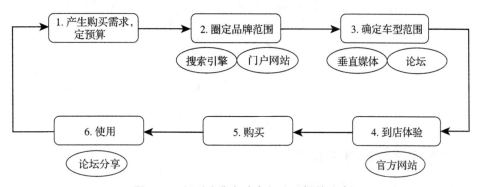

图 6-2　新型消费者购车行为习惯的改变

3. 汽车网络营销的发展趋势

（1）多种工具并举

微信营销的总体趋势是微信公众号和服务号遥相呼应，各显神通；QQ 公众号的普及将吸引大量用户重新重视 QQ；基于微信营销自动化的手机、平板电脑，以及基于微信群的成员管理辅助软件，将不断推出、更加丰富；QQ 好友资源，将变得越来越重要；基于阿里云、ADSL 服务器的云营销模式，将有越来越多的高手投入。手机营销自动化趋势明显，为 APP 提供各种辅助服务的平台、商家，将大量涌现；视频营销将成为转化率最高的网络营销方式之一。视频将广泛嵌入二维码，以促进用户与厂商之间的互动，商家将为消费者提供更多值得炫耀的场景、活动、道具和体验。用户的转载传播将成为商家 O2O 活动的主要宗旨，更多清新、温馨、人性化的网络营销成功模式将大量涌现。全网营销虽然越来越难但效果会越来越好，大部分网商、微商将逐步深刻认识到网络分工、网络协同的重要性和必然性，欣然接受威客模式；搜索营销将迎来全新的春天；网红将以更新颖的方式传播自己的作品。

（2）营销更加智慧

经过实践磨砺，网络营销的功能会从简单的宣传、集客功能日益转化为对整个汽车营销过程的优化（图 6-3），网络营销将更加智慧。

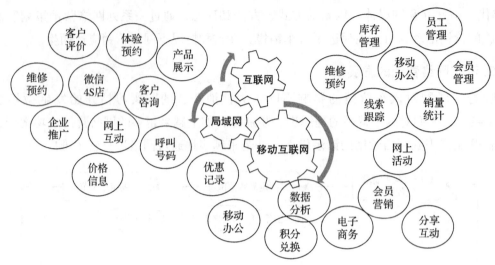

图6-3   智慧的网络营销

三、汽车网络营销现状分析

1.汽车厂商普遍重视网络营销

由于网络营销的重要作用，我国汽车厂商无一不把网络营销作为营销的重要手段，通过自建网站、与网络企业合作、或者以购买垂直网站服务的形式，开展网络营销。例如：

东风日产，历经5年，搭建网络营销体系、建立网络营销平台，效果显著。2012年收集线索60万+，成交4万+，转化率7%，份额逐年上升。作为经销商汽车营销渠道的重要补充，东风日产汽车电商平台——车巴巴（www.chebaba.com）也上线运营。

通用是较早开展网络营销的品牌，最早在中国设立双语网站，充分体现了"关系唯上，客户至尊"的营销主题。通用在网站的设计上，充分利用了网站的分帧分层、既连续又间断的特点，将营销主题以渗透性的表现手法化解在各层各页上，具备十足的商业感召力。几年前就推行零售商DCC项目，搭建Ebuick系统平台，承载经销商对线索的跟进管控，正在发挥越来越大的作用。

北京现代和一汽丰田都在加大网站建设，正在形成集搜索引擎推广、综合门户推广、垂直网站推广、手机移动营销为一体的网络营销平台，而且高度重视网络营销专业队伍的建设，网络营销份额也逐年逐月提升（图6-4）。

2.汽车网络营销存在的基本问题

目前，汽车网络营销也遇到一些实际问题，主要是：

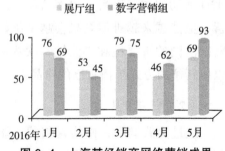

图6-4   上海某经销商网络营销成果

（1）对网络营销的含义理解停留在初级状态

相当一部分经销商认为，网络营销的主要功能就是获取客户线索，忽视网络营销与品牌推广、企业发展战略之间的关系及作用。

（2）网络营销的边际效应有所下降

不少经销商感觉到：第一，虽然自己操作积极，同城排名及活跃度也排在前面，但线索量已经到达极限，无法进一步提升。第二，感到网络线索客户购买意向不强，虽然线索量不少，销售顾问也接到不少电话，但一轮介绍以后，客户积极回应不多，因而线索转化率很低。第三，市场部下发线索后，销售顾问表示已经与客户进行联系，但结果如何，客户是否到店或者成交，难以掌握。第四，感到与垂直网站合作获取的线索质量正在下降，而单个线索的成本却在不断增加（表6-1~表6-3）。

表6-1　经销商网络线索达成情况

目　　录	行业标准	经销商达成
线索有效率	60%	40%~50%
邀约到店率	25%	10%~15%
邀约到店成交率	40%	20%~30%
二次邀请率	40%	25%~30%
二次邀约成交率	70%	50%~60%
总线索转化率	10%	6%~8.5%

表6-2　2017年国内垂直网站报价

垂直平台	豪华版/元	基础版/元
垂直网站A	144000	91200
垂直网站B	144000	92160
垂直网站C	60000	38400
垂直网站D	74800	47600
垂直网站E	48800	

表6-3　经销商网络线索转化率

垂直平台	平台转化率	实际转化率
垂直网站A	8%	13.9%
垂直网站B	3.5%	4.3%
垂直网站C	—	—
垂直网站D	—	—
垂直网站E	3%	4.49%

（3）被动应付

应付厂家考核，高报 KPI 达成数字，但线索数一直低于品牌全国均值或城市均值；只注重 KPI 成绩和获取线索，不注重过程跟踪，经销商领导或产生"网销无用论"的思想，或疯狂加开平台，以开通平台数量优势换取销售线索数据；线索分配给销售顾问后，仅仅关注成交数量，不设立任何线索转换率的 KPI 考核。

第二节   汽车网络营销工具及应用

一、汽车网络营销的基本工具

网络营销的基本工具大致包括搜索引擎、自媒体、门户网站、垂直网站、移动互联网等（图 6-5）。

图 6-5   汽车网络营销基本工具

1. 门户网站

（1）门户网站的含义

门户网站是指通向某类综合性互联网信息资源并提供有关信息服务的应用系统。门户网站通过快速拓展的各种业务类型、内容来吸引和留住互联网用户。典型的门户网站有新浪、网易、搜狐、腾讯等。门户网站的业务包罗万象，是网络世界的"百货商场"或"网络超市"。

（2）门户网站的主要特性

门户网站主要特性是：第一、领域多样化。涉及多行业多领域，吸引用户的手段就是更丰富、更多样。第二、服务多样化。门户网站涉及的领域多种多样，因此提供的服务内容相对全面，然而限于人力物力，无法提供某一领域的深度服务。第三、用户多样化。门户网站因为其包罗万象的服务项目及内容吸引了各类用户，拥有庞杂的用户群。

2. 自媒体

自媒体主要是指经销商自建网站、微信、微博、视频网站等。

3. 搜索引擎

（1）搜索引擎的含义

搜索引擎是指根据一定的策略、运用特定的计算机程序从互联网上搜集信息。搜索引擎包括全文索引、目录索引、元搜索引擎、垂直搜索引擎、集合式搜索引擎、门户搜索引擎与免费链接列表等。

（2）搜索引擎的主要特性

搜索引擎的主要特性是：第一、当用户打开百度、谷歌，输入关键字如"××汽车"，它就会自动打开网页，有诸多关于××汽车的网站跳出供潜客选择。第二、优点是速度快，但按点击率收费，不易控制。

（3）搜索引擎的关键词（图6-6）

设计好关键词对于扩大经销商推广效果和便于消费者搜索都有重要意义。

（4）搜索引擎的创意

为了得到更多读者的关注，必须高度重视搜索引擎的创意。用经销商独特的优势，用关键词飘红，来强化读者的紧迫感；通过关键词相关和网页相关，使读者链接、寻找信息更加通顺，拥有好创意，结果大不同（图6-7）。

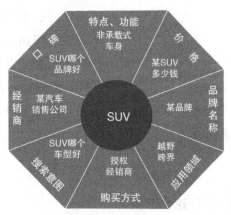

图6-6　如何设计和寻找关键词

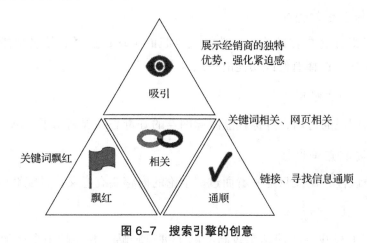

图6-7　搜索引擎的创意

4. 垂直网站

（1）垂直网站的含义

垂直网站注意力集中在某些特定的领域或某种特定的需求，提供有关这个领域或需求的全部深度信息和相关服务，作为互联网的亮点，垂直网站正引起越来越多人的关注。许多领域都有其典型的垂直网站，如汽车领域的汽车之家、易车网以及视频领域的优酷网等。

（2）垂直网站的主要特性

垂直网站的主要特性是：第一、领域专业化。专注于自身领域，吸引用户的手段就是更专业、更权威。第二、服务集中化。垂直网站一般同时扮演三个角色：信息服务提供商、系统平台提供商、应用服务提供商，为相应的行业用户提供纵深的一条龙服务。第三、用户精准化。垂直网站的用户基本上都是该行业的消费者，每一个用户都代表购买力。垂直网站能以其权威、专业的内容，吸引、刺激和带动用户消费。

例如易车网的"车易通"旺店，就是一个功能齐全、操作简单的建站工具。旺店作为营销工具的客流入口，通过使用旺店，经销商可以零起点建立符合汽车厂商品牌形象要求的、具备完善电子商务功能的企业官网。旺店既可作为汽车经销商的电子商务平台，吸引潜在购车者，完成商机的收集和转化，同时又可以作为企业的官方网站，突出企业品牌形象。

二、网络营销工具的应用

1. 论坛营销

论坛营销要注意以下要点：

（1）要选择合适的论坛

选择有自己潜在客户在的论坛，选择人气旺的论坛；选择有签名功能的论坛，选择有链接功能的论坛，选择有修改功能的论坛。

（2）标题明确有吸引力

标题是吸引网民的灯塔，好标题能激起网友的好奇心，提高帖子的浏览量。

（3）内容要有点争议性

内容没有争议性，网民只是一看而过。争论的内容要有意义，且能够引起讨论。

（4）借助于他人的热帖

可以在论坛上寻找一些回帖率较高的帖子进行转帖，并在帖子末尾加上自己的签名或加上自己的广告进行宣传。

（5）长帖必须做到短发

帖子内容较多时，可以将一帖分成多帖，一般长帖分帖不要超过 7 帖，可以每隔一段时间再发一帖。因为看帖的人一般都没有多大耐性，太长的帖，不管它有多大吸引力，都很少有人能够把它看完。

（6）广告的发布要巧妙

帖子发表时，不要一开始就发广告，这样的帖子很容易被当作广告帖删除。发的帖子一定要与主题相关，并且最好有链接功能。

（7）用好头像和签名

头像设计要新颖，并有利于自己的品牌的宣传。签名可以加上自己网站的介绍和链接。

（8）发帖要求质量第一

帖子的质量特别重要。发帖关键是为了让更多的人看，变相宣传自己的网站。如果帖子质量好，还可能被别人转载，这样效果就比较好。

（9）必须利用回帖功能

如果要在回帖中发广告，一定要争取在前 5 位，这样被浏览的概率要高一些。

（10）适当时顶自己一把

在论坛上，为了帖子的气氛和人气，可以适当地找人帮你顶一下。

2. 微博营销

（1）微博营销的内容

微博内容规划要多样化，各种内容有个适当的比例（表 6-4）。

表 6-4　微博内容规划参考

类别	比重	话题示例	内　　容
产品	30%	品牌故事汇 品牌车型知识	品牌文化、历史、产品卖点，促销信息发布
区域	10%	新鲜事	区域活动，热点新闻，交通信息
行业	10%	聚焦业内	行业政策，行业新闻
服务	20%	人车生活	售后服务，在线答疑，保养常识
生活	30%	吃在广州 游在海南	趣味话题，电影、音乐、摄影、当地餐饮、购物、娱乐信息

（2）微博营销中的互动

微博互动要有针对性。经销商可以在微博上开展在线答疑、销售反馈、售后服务等业务。

（3）微博营销的活动

个人微博可以依靠个人魅力来增加粉丝，提升影响力。经销商微博属于企业微博，需要不断地利用线上线下活动来滚动增长粉丝。

（4）微博营销的发布

微博发布，要有规律地进行更新，每天5~10条，不要频繁地连发几条。上班、午休、下午4点后、晚上8点，抓住这些高峰发帖时间。微博内容要有趣味性，为粉丝提供有价值的信息。微博发布要严格执行内容规划，不宜过多地发布广告。

3. 微信营销

微信营销是互联网时代的一种新事物。微信不受时间、空间的限制，用户一旦注册并使用微信，便可以与其他用户形成联系和互动。用户可以订阅自己所需要的信息，商家也可以通过微信公众平台提供用户所需的信息，推广自己的产品与服务。

（1）微信营销的本质是营销

微信营销的本质不是微信本身，而是营销。微信营销必须符合企业的经营思想、战略、方针和策略；微信营销必须强调沟通、关系、推广等销售技巧；微信营销必须管理模式、目标、计划和执行。

（2）微信营销常见问题

目前微信营销的主要问题如图6-8所示。

图6-8　微信营销的主要问题

（3）微信营销必须面对年轻消费者

目前，90后大约占我国总人口的15%，大约有2亿多人，在我国人口中占比最大。按照时间来计算，年龄最大的90后，现在已经31周岁。如果本科毕业后就踏入社会的话，1990年出生的年轻人也有了5年的工作经验。此外，90后通常有比较高的学历、相对丰厚的收入，买一台普通的汽车对他们来讲并非遥不可及。90后更加鲜明的性格特点，使得他们在汽车消费上变得更加多元化。90后有他们的语言结构和审美情趣，微信营销必须适应这种特点。

90 后容易接受的单词举例

勇敢	自信	雷	时尚	坚强
开朗	敏感	创造力	活泼	萌
脆弱	情绪化	神经质	懒	可爱
快乐	理性	自由	宅	独立
囧	另类	八卦	高调	风行
聪明	腐	安静	乐观	善良
小清新	洒脱	迷茫	幽默	慢热
早熟	开放	单纯	消极	感性
孤独	颓废	伤感	叛逆	求帅

（4）微信营销思维特点

微信营销与其他网络营销方式有较大区别（表 6-5），费用低廉，技术手段丰富，表达方式丰富，情感倾向明确，兴趣吸引、精准推广的思维特点非常明显。

表 6-5　微信营销与其他网络营销手段的思维特点比较

类别	执行费用	时空特征	技术手段	客户互动	表达方式	情感交流	动力特征	推广性质
微信营销	费用低廉	不限时空	技术手段丰富	双向互动	表达方式丰富	情感倾向明确	强关系网络	兴趣吸引精准推广
传统营销	费用较大	时空限制	技术手段单一	单向传播	自卖自夸	闭门造车	以拉为主	强势宣传
传统媒体	费用较大	时空限制	技术手段有限	单向输出	文字图片	情感倾向不清晰	以拉为主	强势宣传
短信推广	费用低廉	不限时空	技术手段单一	双向互动	表达方式简单	广泛撒网	以拉为主	不够精准
微博推广	费用低廉	不限时空	专事传播	专注营销	表达方式简单	有所交流	议题推广	不够精准

（5）微信营销的基本策略

微信上的好友大都是认识的，因此是一种强关系。微信注重用户圈子的维系，用户可以相互交流、分享信息，关系更加亲密，是一种社会化关系网络。微信具有社交特征，深交际渠道，信息精准，双向联系。微信作为一种沟通工具，内容更具针对性，信息流通均在关系群中，具有一定的私密性和可控性，并可实行一对一传递。微信营销过程中并非所有人知道微信账号，圈外人难以进入。这些长处导致微博逐渐被微信淡化。为了做好微信营销，必须打造微信营销新策略，见图 6-9。

（6）微信营销的基本原则

微信营销必须做到有情感、有故事；趣味、好玩、接地气；利益明确，有价值、有品质、有品位。

图6-9　微信营销新策略

（7）微信营销的娱乐特性

娱乐是吸引粉丝的关键因素。内容娱乐化，具有故事性和情节性，更容易使消费者接受品牌信息。娱乐化内容要求做到：必须与品牌与产品相关，因为无关八卦、无关内容会使消费者产生逆反心理；把握舆论的传播渠道，包括微信群、朋友圈、官网；强调互动，变被动认知为主动认知。

（8）微信的软文写作

软文不同于广告，必须坚持软文写作原则，见表6-6。

表6-6　软文与广告写作的区别

类　　别	硬　广　告	软文广告
真实性	部分真空，可以虚构	全部真空、不能虚构
传播媒介	广播、报纸、电视、杂志、户外路牌、车体广告等	广播、报纸、电视、杂志
受众和诉求对象	特定的诉求对象，要研究受众的需求	公众群体，追求最大覆盖面
时效性	多次性、反复性、持续性	第一时间、一次性传播
写作原则	劝说性原则	倾向性原则
商业化	功利性商业化写作	不带有功利性商业化色彩
写作规范	按企业、产品、创意写作	满足文学写作要求
写作目的	劝服受众	感染受众
写作主体	传达企业产品服务信息	传达作者感受感情

软文写作的目标是引起目标群体的好奇，让他们有兴趣读下去。软文标题大致可以分为4类：一是新闻式标题，以发布新闻的姿态传递某种信息；二是悬念式标题，在标

题中设置某种悬念，引发诉求对象的好奇心理，引导读者寻求结局；三是疑问式标题，以设问或反问的方式，引起诉求对象的好奇心理，达到出人意料的效果；四是叙述式标题，以直白的表述方式传达文章的核心内容。

软文的长短应该按照需要而定，但短的一定要精悍，长的一定要清晰。文章中要尽量使用一些贴心的关键词，尽量不要摆迷魂阵。软文的主题要有力量，清晰利益表达，抓住要素和重点。写作软文要明确传播目标，是为了销售达成、吸纳会员还是巩固客户。软文写作要明确信息终端目标，一是通过什么信息平台，二是传递给哪些读者群体。软文的主诉求要突出，只能有一个鲜明的主题，不能四面出击。软文的构想要有利于凸显主题，给主题一个重要的补充。软文的关键词要清新，让人看了以后有眼前一亮、深入内心的感觉。软文的基调一定要快乐、积极、向上。软文最终媒体和媒体群的选择要与软文的性质相匹配，以使诉求得到精准有效的传播。

（9）微信的推文写作

微信推文对于活动的宣传起到很重要的作用，推文写作的要求可以参考软文写作与广告文案相结合的方法撰写，文字不宜过多，标题一定要醒目，编排不能马虎。推文首先应当在 Word 中编辑，然后将 Word 中的文字进行排版，注意一定要把正文的字体设置成宋体，Word 文字要居中，设置好左对齐还是右对齐。然后再将文字复制到微信公共平台的后台，在后台加以细致的处理，最后将微信中的文字保存即可。

（10）正确认识和做好"标题党"

标题可以吸引粉丝，做好"标题党"要充分发挥语言艺术的魅力，但不能无限夸张，突破道德、法律、健康的底线（表6-7）。

表6-7　微信标题的各种形式

悬念式	故事式	情感式	触目惊心式
用设问、秘密打造悬念，满足粉丝好奇、猎奇的心态（如：天涯论坛《一个馒头引发的血案》）	制造故事性标题，用真实、朴实的故事吸引粉丝（如：优衣库从儿时看动画片的方式引出卡通T恤的内容）	针对当下人们的心理需求，大胆告白，发动感情功势，打动人心、震撼人心（如：百岁山茶叶的故事）	用触目惊心的语言，刺激粉丝神经，使其被神秘和紧张感所吸引（如：站住，你被忽悠了）
促销式	新闻式	对比式	热门式
用大力度利益激发粉丝阅读（如：×××心动上市，0元预购享好礼）	主题突出、引题自然、副题明了（如"国庆特价，0点秒杀"）	用数字、事实、资料与对手进行对比，凸显优势（例如：日供100元，把车开回家）	利用热门话题、事件、明星人物、影视元素，新闻事件，使用雷人、流行元素来编辑、放大标题，使粉丝跟风（如：以客户的名义……）

（11）微信运营的能力要求

微信运营的能力包括：①撰写原创文章的能力，感兴趣的话题＋引人入胜的故事＋扎实的文字功底；②创新的能力，包括思维创新、模式创新、方法创新；③文章编辑的能力，包括做到图文并茂、素材选择与整合得当、文字表达方式、语言活力丰满；④整合资源的能力，自身资源＋社会资源＋整合资源＋利用资源；⑤数据分析与总结的能力，包括文章数（阅读数、点击数、转发数、收藏数、图文转化率）、用户数（用户数量、每日新增量、流失量/流失率、留存率、复合增长率、活动参与数）、交易额（特定活动交易额、每月交易额、每日交易额、交易额增长速度、潜在客户转化率、多次购买者的数量）；⑥营销推广的能力，要求能深挖产品内涵，研究消费者需求，了解购买过程，产生持续收益；⑦提供服务的能力，包括对话表达态度，态度彰显温度，专业吸引客户，诚信巩固关系等。

（12）H5海报的制作

H5海报制作可以下载相应的软件。目前使用比较多的软件有秀堂、兔展、秀米、易企秀等。H5海报制作的大致流程为：下载并进入相关平台；注册登录；点击"创建空白画册"；选择画面尺寸版式；按照提示向页面加入要展示的图片和文字；分别对每页设置翻页形式；点击上方"音乐"加入背景音乐；正文内容完成后在右上方"设置"里修改封面、标题及摘要；制作完成后点击右上角"预览/发布"进行保存；复制二维码或链接进行分享；返回点击"我的画册"可查看并修改已完成或未完成的H5画册。

制作H5海报要注意突出主题，注意内容的一致性，精心选择好画面，注意画面各项内容的美观和谐，搭配好色彩和音乐。

（13）微信营销的渠道

微信营销的渠道主要是公众平台、开放平台、二维码、朋友圈和位置签名。各种渠道有其自己的特点（表6-8），掌握这些渠道的基本特点，对于提高微信营销的效果具有重要意义。

表6-8　微信营销渠道特点

微信营销渠道	公众平台	朋友圈	开放平台	二维码	位置签名
形式	微信认证账号，品牌主页	可以将手机应用、PC客户端、网站中的精彩内容快速分享到朋友圈中，支持网页链接方式打开	把网站内容分享到微信，或者把微信内容分享到网站	用户扫描二维码，添加好友，并进行互动	在签名档上放广告或者促销的消息，用户查找附近的人的时候或者摇一摇的时候会看见

（续）

微信营销渠道	公众平台	朋友圈	开放平台	二维码	位置签名
实质	专属的推送信息渠道	模仿国外产品Path，属于私密社交	类似于各种分享	表面是用户添加，实质是得到忠实用户	类似高速公路的路牌广告，强制收看
优点	推送的对象是关注你的用户，所以关系比较亲密；到达率100%	交流比较封闭，口碑营销会更加具备效果	由于微信用户彼此间具有某种更加亲密的关系，所以当产品中的商品被某个用户分享给其他好友后，相当于完成了一个有效的到达的口碑营销	是用户主动扫描的，至少证明用户对你的产品最起码还是感兴趣的，所以，可以针对性地诱导用户产生消费行为	很有效地拉拢附近用户，方式得当的话转化率比较高
不足	如果用户关注了20个品牌，每个品牌每天向你推送3条信息，那么这些信息就显得扰民	开展营销活动比较困难	产品扩散比较困难	必须用户主动扫描	覆盖人群不够大

4. QQ营销

（1）选好目标群

QQ群营销最好的办法首先是加入与汽车行业相关的QQ群，因为在这里，会有很多机会与行业前辈和同行进行交流，也便于寻求合作。作为网络营销人员，不但要加入更多的行业QQ群，而且要正确选择目标群，这是QQ群推广的首要问题。

（2）QQ群营销要点

加入QQ群切记不要一进入就大发广告，留下链接。因为这样做只有一个后果，很可能才发了一条广告，就被踢出去了。好的方式是：①转发式。例如，在QQ群广泛群发爱心广告，这是隐形的QQ群发营销，而且还会有人大量地帮你宣传。②揭秘式。例如，指出同行的不足，引起讨论并获得消费者认可，同时展现自己的优势。这也是一种事件营销，但这种方法不宜多用。变群友为好友。把群里的意向客户加为好友，便于进一步和意向客户交流和增加新客户来源。

第三节　汽车网络营销团队建设与运营实务

一、网络营销团队建设

1.网络营销组织

为了有效开展网络营销活动，经销商可以根据企业规模和自身销量灵活配备组织架构（图6-10）。

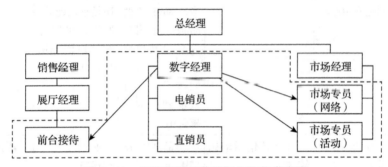

图6-10　经销商网络营销组织架构参考图

2.网络营销人员分工

市场专员负责开源，负责信息推送，搜集客户线索和潜在客户；网络营销顾问负责客户跟进，邀约客户进店；销售人员负责接待客户，接待邀约到店的潜客，按销售流程为客户提供服务，促成交易。

3.网络营销主管的主要职责

网络营销主管的主要职责如图6-11所示。

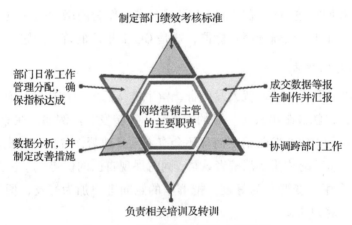

图6-11　网络营销主管的主要职责

4. 市场专员的主要职责

市场专员的主要职责见表 6-9。

表 6-9　市场专员的主要职责

岗　位	主要职责
市场专员	负责网络潜客获取渠道开发以及对线索数量及质量的统计与分析
	完成市场经理、数字主管下达的当月网络数据量目标
	维护两个垂直网络平台，发布软文，及时回复网络留言，鼓励客户拨打 400 热线
	寻找当地其他有影响力的网络平台合作，发布促销信息、产品信息、活动信息
	与当地主流论坛进行长期合作，力争成为论坛的主力发言人
	利用专营店微博、微信、QQ 群等进行在线活动宣传
	统计并分析网络渠道来源潜客数量及质量，并能生成统计报表发送给数字主管

5. 电销员、销售顾问的主要职责

电销员、销售顾问的主要职责见表 6-10。

表 6-10　电销员、销售顾问的主要职责

岗　位	主要职责
电销员、销售顾问	负责专营店所有呼入电话（包括展厅来电、垂直网站 400 电话）的接听，展厅低意向及战败潜客的数据清理及邀约到店工作，及时将客户信息录入系统
	负责所有新增潜客的及时跟进，并将跟进情况反馈到系统，完成每日的回访任务
	持续跟进及培育非展厅客户，邀约客户到店，并及时填写《客户到店信息交接表》
	当日在客户到店前，与直销员一起站于展厅门口迎接客户，并将客户转介给直销员
	参加销售部晨会、夕会，了解最新销售动态和政策
	保持与市场专员（网络 & 活动）的沟通，确保第一时间掌握数据情况和媒介投放情况
	做好来电、外呼、邀约到店量的记录，统计线索信息准确率和接通率、有效销售线索转化率等

6. 直销员、销售顾问的主要职责

直销员、销售顾问的主要职责见表 6-11。

表 6-11　直销员、销售顾问的主要职责

岗　位	主要职责
直销员、销售顾问	负责电销员邀约到店客户的展厅接待与销售转化
	持续跟进及培育已到店未战败的潜客，促进客户二次到店，了解客户的需求，提供专业销售指导，促成销售
	与电销员做好客户信息交接，充分了解邀约到店客户的特性和前期沟通内容
	当日在客户到店前，与电销员一起站于展厅门口迎接客户，并在电销员做完交接介绍后按照销售流程认真接待客户
	请邀约到店客户在《客户到店确认单》上签字并确认留存
	与前台保持密切沟通，以提前安排好对客户的准备和接待工作
	参加销售部晨会、夕会，了解最新销售动态和政策

二、网络营销运营实务

1.基本运营模式

（1）专人专岗

独立的网络营销部门，每个岗位都有专人。

（2）平台覆盖

论坛、微博、微信、百度、门户网站、垂直网站、地方网站全覆盖。

（3）内部管理

日常运营指标看板化，每日指标完成报表化，职能职责考核制度化。

2.网络营销销售流程

　　网络营销的销售流程与传统销售流程的最大区别在于，如何利用互联网营销的手段，更快捷、更有效地开发客户线索。网络营销与电话营销、直复营销必须紧密结合，以保证客户线索和潜在客户的转化，增加成交量（图6-12）。

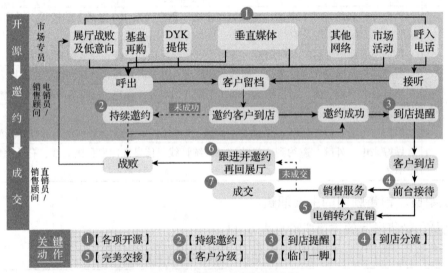

图6-12　网络营销销售流程

3.网络营销KPI指标的确认与考核

　　网络营销同样需要有目标、有计划地进行推进，确定KPI，并进行有效考核。通过新增潜客量的统计，考核潜客资源获得的能力；通过有效潜客量的统计，考核线索资源利用的情况；通过客户首次到店量的统计，考核电话邀约的能力；通过订单量的统计，考核直销成交能力；通过网络营销最终实现的销量，考核网络营销对经销商整个销售量的贡献率，并从中发现网络营销存在的问题，及时采取措施，改进网络营销（图6-13）。

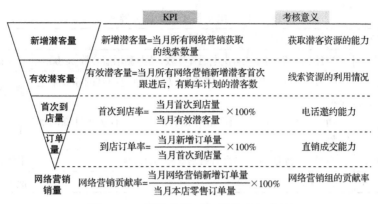

图 6-13 网络营销 KPI 的确定与考核

4.网络营销的绩效目标设定

客户线索的获得过程是线索客户情感表达的过程，因此网络线索客户通常比自然进店客户的购买意向更强。为此，网络营销绩效目标的设定，应当比自然进店的客户更高。一般建议不要低于经销商总销售量的 20%，根据经销商营销能力的大小可以设定在20%~40% 之间，一些网络营销能力强的经销商甚至可以设定为 50% 以上（图 6-14）。

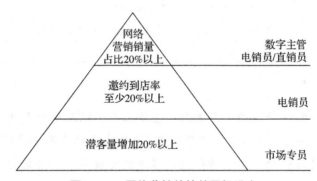

图 6-14 网络营销的绩效目标设定

1）市场专员绩效考核关键 KPI 见表 6-12。

表 6-12 市场专员绩效考核关键 KPI

岗位	关键 KPI	计算规则	考核意义
市场专员	垂直网站运营	垂直网站月度访问量	市场专员运营垂直网站的效果
		垂直网站运营得分（汽车之家后台运营得分、易车网平均活跃度等）	
	新增潜客量	当月呼入电话、其他网络来源渠道获取的线索数量	市场专员获取潜客资源的能力
		当月市场活动获取的低意向客户的有效性（留档率）	市场专员获取潜客资源的质量

2）电销员绩效考核关键 KPI 见表 6-13。

表 6-13　电销员绩效考核关键 KPI

岗位	关键 KPI	计算规则	考核意义
电销员	首次跟进率	当月 24 小时内完成首次电话外呼数 / 当月新增潜客数 ×100%	线索跟进的及时性
	400 录入率	当月 "400 来电" 录入系统数量 / 当月垂直网站的 400 来电总量	避免来电线索流失
	在效潜客量	当月所有渠道数字新增潜客首次跟进后，有购车计划的潜客数	线索资源的利用效率
	首次到店率	当月首次到店量 / 当月有效潜客量 ×100%	电话邀约能力
	外呼工作量	当月电销外呼量	衡量电销主要工作量

3）直销员绩效考核关键 KPI 见表 6-14。

表 6-14　直销员绩效考核关键 KPI

岗位	关键 KPI	计算规则	考核意义
直销员	到店试驾率	当月试驾量 / 当月网络营销首次邀约到店量	试乘试驾邀约能力
	到店成交率	当月网络营销订单量 / 当月网络营销首次邀约到店量	直销员逼单能力
	二次邀约到店率	本月二次进店客户数 /（本月首次接待客户数 − 本月首次接待即成交的客户数）×100%	到店客户接待和后续跟进能力
	销量	月度实际完成销量 / 月度目标销量	利润考核
	衍生业务利润	月度实际完成衍生业务利润 / 月度衍生业务利润目标	
	满意度	出现客户投诉扣总分	提升客户满意度

本章小结

本章重点介绍了网络营销的基本概念、主要工具，以及如何利用这些网络工具有组织地开展汽车营销活动的基本技术。学习本章，关键在于熟悉网络营销基本工具的特点，正确处理客户线索与转化的关系，懂得主动跟进的重要意义，并能把网络营销工具的使用与传统营销基本方法相结合，实现线上线下联动，确保网络营销目标的实现。

综合实训与练习

一、问答题

1. 什么是网络营销？你如何理解汽车网络营销与传统营销之间的关系？

2. 目前汽车网络营销的主要工具有哪些？分别说明它们的特点。

3. 请你说说移动互联网营销应当注意的问题？

二、实训题

1. 通过汽车垂直网站的信息采集，用流程图描述垂直网站客户线索采集的基本过程。

2. 利用下载软件，制作某一款车型的 H5 海报，并进行陈述交流。

第七章
汽车二手车服务

完整的汽车流通市场包括新车与二手车两部分，今天的二手车市场是昨天新车市场的延续，今天的新车又蕴含了明天的二手车市场。二手车市场的发展固然有其自身规律，但更与新车市场息息相关，新车市场和二手车市场实际上是互相依赖、互相支撑的关系。我国二手车流通市场极具发展潜力，培育和发展好这一市场，对促进新车的销售、拉动汽车及其相关产业的发展具有重要意义。

国外成熟汽车市场经验表明，渠道畅通、运作高效的车辆新陈代谢机制，是汽车市场的整体健康运作的前提与保证，活跃二手车市场是促进汽车置换、拉动新车销售的重要途径。作为汽车服务工程的重要组成部分，二手车市场的规范、成熟和发展，将成为推动产业升级，加速市场流通，提升竞争优势的一个重要环节，也将为整个新车市场的繁荣和发展起到积极的支撑作用。

教学目的

通过本章学习，了解二手车市场在汽车产业价值链上的地位，熟悉二手车服务的主要内容，熟悉二手车服务的经营主体和基本业态，掌握二手车鉴定评估与交易的服务要点和基本技术，掌握二手车交易的基本流程。

教学要求

通过自学、课堂教学和综合练习，使学生在了解二手车服务价值、基本业态的基础上，掌握二手车鉴定评估和交易的基本技术，从而提高对整个汽车产业价值链的理解，掌握二手车评估和交易的基本技术。

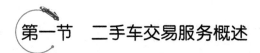

第一节　二手车交易服务概述

一、二手车市场概念及作用

1. 二手车的概念

二手车是指公安交通管理机关登记注册，在达到报废标准之前或在经济寿命期内服役，仍可继续使用，需要进入市场交易的机动车辆。

2. 二手车的产生

消费者喜新厌旧的消费心理，消费观念的不断形成，消费者收支的失衡，企业、政府部门或个人的产权变动，车源充足、消费者需求旺盛、缴费升级等客观因素，销售商为促进新车销售、增加产业盈利空间、推动以旧换新等经营需求，都是二手车产生以及二手车市场得以发展的重要原因。

3. 二手车服务的作用

二手车服务是汽车后市场服务的重要部分，我国二手车市场的快速发展对推动汽车消费有着重要的作用。

二手车服务是汽车产品的一种"再营销"，它的作用主要是：优化汽车分配循环，提供新的盈利支持新车销售业务，促进汽车新车销售服务的发展，提升经销商的销售能力，增加汽车价值链增值点，平衡我国各地汽车市场的发展，推动我国汽车行业的发展，在不同层次上满足汽车消费者的用车需求。

二、二手车交易的特征

二手车交易不同于其他商品交易，有它的特殊性。

1. 产权特征

它与新车交易不同，新车是由生产厂商转移到最终用户手里的交易，属商品销售。二手车是产权品，它是在最终用户之间进行转移，属于产权交割。

2. 动产特征

二手车与二手货交易也不同，二手车交易后有产权的证照办理手续，二手货交易只要一手交钱，一手交货就妥。二手车与二手房的交易也不尽相同。二手车是动产，二手房是不动产。二手车在移动过程中产生的难以预料的因素很多，易构成公共安全隐患，交易中需要公安车管部门进行查验和审核；二手房是固定在一个地方，对公共安全影响面小。

3. 审视特征

二手车使用的情况不同，车辆磨损和老化程度也不尽相同，在交易中需要直观审视和鉴定评估。

三、二手车交易的原则

二手车交易由于其交易特性更应该严格遵守这些基本原则。

1. 自愿原则

自愿原则是指交易双方在法律允许的范围内，可以自主地从事交易活动，即根据自己的意愿，决定确立、变更或终止商业法律关系。

2. 平等原则

平等原则是指交易双方在法律规定的范围内从事交易活动，都具有平等的法律地位，享有平等的权利。

3. 公平原则

公平原则是指交易双方在交易活动中均应受到公正的对待。《中华人民共和国消费者权益保护法》第二章第十条规定"消费者享有公平交易的权利"。

4. 诚实信用原则

诚实信用原则是指经营者在交易中应保持善意，不事欺诈，并恪守诺言，信守合同。

5. 遵守公认的商业道德的原则

公认的商业道德除了自愿、平等、公平、诚实信用等法律化的商业道德，还包括行业协会制订的行业自律各项规定和该行业经营者们所公认的、普遍遵守的、具有积极社会意义的交易行为准则。

6. 管理与经营分离的原则

为体现公平交易，根据规定，二手车交易市场应遵循管理者与经营者分离的原则，交易市场及工作人员不得从事二手车交易活动。

四、二手车的交易形式

目前的二手车交易存在多种形式，交易模式的推陈出新为二手车市场发展提供了新引擎。二手车的交易形式主要有：

1. 二手车经纪人

二手车经纪人是指那些在市场上从事买卖双方介绍交易并以此获得佣金的中间人。经纪人本身不占有商品，而是利用自己的能力以及广泛的社会联系、独有的供销渠道，为交易双方穿针引线促成交易。

2. 二手车经销商

二手车经销商是指在二手车市场上拿钱收购二手车，然后将它转手卖出去的汽车经营企业，这些企业既包括专门从事二手车买卖的经销商，也包括同时从事整车销售的经销商。二手车经销商是企业到终端和消费者直接见面的销售渠道，它在市场中的作用是十分巨大的。

3. 二手车委托寄售

委托寄售是一种委托代售的贸易方式。在我国二手车交易业务中，委托寄售方式运用得并不普遍。

4. 二手车拍卖

二手车拍卖是指以公开竞价的形式将二手车转让给最高应价者的经营活动。在我国，二手车拍卖最初的表现形式是消费者把车先开到市场进行展示，接着参加拍卖，后来又有了专业的拍卖网站进入市场。

5. 二手车置换

二手车置换是指消费者用二手车的评估价值加上另行支付的车款，从品牌经销商处置换新车的业务。汽车置换从狭义上来说就是"以旧换新"。

二手车置换服务具有以下特点：

（1）打破车型限制

经销商对所要置换的二手车以及选择购买的新车，都没有品牌及车型的限制，可以任意置换。

（2）让利置换，旧车增值

经销商通常以二手车交易市场二手车收购的最高价格甚至高出的价格，确定二手车价格，经双方认可后，置换二手车的钱款直接冲抵新车的价格。

（3）"全程一对一"的置换服务

从二手车定价、过户，到新车办理贷款、购买、保险、牌照等全过程都由汽车置换授权经销商完成。

（4）完善的售后服务

提供包括保险、救援、替换车、异地租车等服务在内的完善的售后服务。对于符合条件的顾客，汽车置换授权经销商还提供更加个性化的车辆保值回购计划，使顾客可以无需考虑再次更新时的车辆残值，安心使用车辆。

（5）品牌二手车

品牌二手车的最大竞争力在于它的信誉保证，这是打动消费者的核心力量。在发达国家，品牌经销商二手车销售量占到市场总量的1/3以上。在我国，目前也有越来越多的汽车生产企业相继展开了品牌二手车业务。品牌二手车不仅丰富了二手车品种，增加了消费者的选择，而且发挥了品牌效应，增强了消费者对品牌的忠诚度。品牌二手车的出现，为二手车市场增添了新的变化,输送了新的力量,丰富了二手车交易模式。此外,品牌二手车还通过执行生产企业严格的认证标准,明示车辆质量信息,明码标价,改变了长期以来二手车市场信息不透明的状况。品牌二手车的兴起与发展,为二手车市场快速发展起到了强大的推动作用,标志着国内二手车市场已经步入规范、规模、稳健发展的新阶段。

（6）二手车超市

二手车超市是集多种品牌二手车交易的大型二手车经营实体。二手车超市集收车、评估、整备、直销、批发、售后服务等业务为一身,资金投入大、展示车辆多,便于消费者选购。

（7）二手车电子商务

二手车电子商务依托大数据及人工智能技术,打造了一个功能强大的二手车交易平台,通过 B2B、B2C、C2C 等各种交易模式,开创了二手车行业发展的新方向。

五、二手车交易的基本流程

二手车交易市场车辆交易的基本流程是:

1. 二手车入场展示

二手车展示的目的主要是为购车者提供选购的机会,同时证明其车辆来源的合法性。所有进场展示的交易车辆必须是合法的,法律法规禁止交易的车辆不得入场展示。

2. 二手车交易合同

车辆成交的前提是通过商谈,对车价和服务要求取得一致意见,这是二手车交易中的重要环节。为了保证交易公平合理,避免交易纠纷,必须按照《合同法》规定,签订规范的二手车交易合同。二手车交易双方法律地位平等,合同一旦签订,表明买卖双方意思表示一致,具有相应的法律效力,对当事人就具有法律上的约束力。

3. 二手车查验与评估

二手车查验是在公安民警的监管下,由二手车交易市场委派经过培训的工作人员,协助公安民警开展交易车辆的查验工作。查验内容包括:查验在车辆年检期有效的时段内,对车辆识别代码(发动机号、车架号)的钢印有否做凿改的情况,与其拓印是否一致;查验车辆颜色与车身装置是否与"行驶证"一致。同时按交易类别对车辆主要行驶性能进行检测,确保交易车辆的正常安全性能。如一切正常,则在《机动车登记业务流程记录单》上盖章,并在发动机号、车架号的拓印上加盖骑缝章。

4. 成交二手车办证

全国的二手车成交车辆办证手续大同小异,目前大多数地区采取在市场集中办理证照的方法进行，过程由公安车辆管理部门派驻警官驻场监管和指导，重点环节由警官进行审核把关，具体操作性事务由市场工作人员协助完成，基本形成了适合各地特点的操作模式。其主要环节是：车辆查验、车辆评估、车辆交易、初审受理、材料传送、材料复核、制证发牌、材料回送、收费发还。

六、禁止交易的二手车

有下列情形的二手车禁止经销、买卖、拍卖和经纪。

1）报废车辆：已报废或者达到国家强制报废标准的车辆。

2）抵押监管车辆：在抵押期间或者未经海关批准交易的海关监管车辆。

3）查封扣押车辆：在人民法院、人民检察院、行政执法部门依法查封、扣押期间的车辆。

4）非法获得车辆：通过盗窃、抢劫、诈骗等违法犯罪手段获得的车辆。

5）与登记资料不符的车辆：发动机号码、车辆识别代号或者车架号码与登记号码不相符，或者有凿改迹象的车辆。

6）走私拼装车辆：走私、非法拼（组）装的车辆。

7）证明不全车辆：不具有《二手车流通管理办法》第二十二条所列证明、凭证的车辆。

8）国家禁止经营车辆：国家法律、行政法规禁止经营的车辆。

七、二手车服务

二手车服务是指客户接车前、后，由二手车销售部门为客户所提供的所有技术性和非技术性服务，其包括：

1）售前售中服务：包括售前进行的车辆整修、翻新、整备、测试等服务，在售时进行的如车辆美容、安装和检修部件以及为客户进行的培训、发放技术资料等服务。

2）售后服务：包括按期限所进行的质量保修、日常维护、维修、技术咨询以及配件供应等一系列服务。

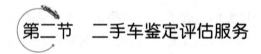

第二节   二手车鉴定评估服务

一、二手车鉴定评估的基本概念

1. 二手车评估的目的

二手车评估的目的是为了正确反映机动车的价值量及其变动，为将要发生的经济行为提供公平的价格尺度，包括为卖买双方成交提供参考价格、为拍卖车辆提供拍卖参考底价。

2. 二手车评估的作用

（1）为二手车提供价值参考

二手车评估比较客观地反映二手车价值量，为交易双方的商业收购和销售行为提供一个公平的价格尺度，使交易双方在一定的范围进行卖买洽谈。

（2）为交易管理部门收费管理提供依据

按照有关规定，二手车成交后，二手车交易市场按成交价收取一定的管理费。在实际操作过程中，成交价较难掌握，而且成交价是以二手车评估价作为基础的。因此，一般可以把二手车评估价作为收取交易管理费的计费依据。

（3）为二手车交易交纳税金提供计税依据

按照国家税收政策规定，二手车销售活动中，以交易成交价交纳2%的增值税。同样，二手车评估价可替代交易成交价，作为国家税务部门二手车交易计税依据。

（4）为二手车按揭贷款提供服务

随着国民收入的不断提高，人们的消费观念发生变化，很多人需要通过汽车金融机构融资购买汽车。二手车鉴定评估可根据汽车金融机构的需求，为二手车金融业务提供服务。

（5）为各有关部门提供二手车交易数量、金额等资料

二手车评估可根据需要向有关部门以及社会各方提供或公布相关信息资料，如二手车评估数量、评估金额、评估车辆类型分类、评估车辆品牌所占的比例以及经过整理计算的价格指数等，为有关部门决策、社会各方开展二手车交易提供服务。

3. 二手车鉴定评估的主体及从业人员条件

（1）二手车鉴定评估主体

二手车鉴定评估的主体是指二手车鉴定评估业务的承担者，即从事二手车鉴定评估的机构及专业鉴定评估人员。

（2）二手车鉴定评估从业人员条件

二手车鉴定评估从业人员必须掌握一定的二手车鉴定评估业务理论；熟悉并掌握二手车鉴定评估的基本原理和方法；熟悉并掌握国家颁布的与二手车交易有关的政策、法规、行业管理制度及有关技术标准；具有一定的二手车专业知识和鉴定评估技能；具备经济预测、财务会计、市场、金融、物价、法律等基础知识；具有良好的职业道德，遵纪守法、公正廉明。

4. 二手车鉴定评估的客体

二手车鉴定评估的客体是指待评估的车辆，它是鉴定评估的具体对象。

按照车辆的用途，可以将机动车辆分为营运车辆（公路客运、公交客运、出租客运、旅游客运、货运和租赁等）、非营运车辆和特种车辆（警用、消防、救护和工程抢险等）。在评估过程中合理科学地对机动车进行分类有利于评估人员进行信息资料的搜集和应用。如同一种车型，由于其用途不同，车辆在用状态所需要的税费可能就会有较大的差别，其重置成本的构成也往往差异较大。

5. 二手车鉴定评估的原则

二手车鉴定评估的主要原则包括公平性原则、独立性原则、客观性原则、科学性原则、专业性原则和可行性原则。

二、二手车鉴定评估的程序

1. 二手车鉴定评估的特点

二手车作为生产和消费领域的一种特殊资产，评估特点有别于其他类型资产的鉴定评估，其特点如下：

（1）二手车鉴定评估以技术鉴定为基础

机动车辆本身具有较强的工程技术特点，其技术含量较高。机动车辆在长期的使用过程中，由于机件的摩擦和自然力的作用，使它处于不断磨损的状态中。随着使用里程和使用年数的增加，车辆实体的有形损耗和无形损耗加剧；其损耗程度的大小，因使用强度、使用条件、维修水平等差异很大。因此，评定车辆实物和价值状况，往往需要通过技术检测等手段来鉴定其损耗程度。

（2）二手车鉴定评估以单台为评估对象

二手车单位价值相差大、规格型号多、车辆结构差异很大。为了保证评估质量，对于单位价值大的车辆，一般都是分整车、分部件地进行鉴定评估。

（3）二手车鉴定评估要考虑其手续构成的价值

由于国家对车辆实行"户籍"管理，使用税费附加值高。因此，对二手车进行鉴定评估时，除了估算其实体价值以外，还要考虑由"户籍"管理手续和各种使用税费构成的价值。

2. 二手车鉴定评估的步骤

对汽车评估是一个专业评估领域，具有情况复杂、作业量大等特点，必须严格遵循二手车鉴定评估的程序。

（1）收集和整理有关资料

在进行评估时，主要应收集整理以下两方面的资料：

1）反映待评估车辆情况的资料，包括车辆的原价、同行价、折旧、净值、预计使用年限、已使用年限、车辆型号、完好率。

2）证明待评估车辆合法性的有关资料，如车辆的购车发票、行驶证、号牌、运输证、准运证以及各种车辆税费、杂费的缴纳凭证等。

（2）设计评估方案

设计评估方案是对二手车鉴定评估所进行的周密计划、有序安排的过程，主要包括以下内容：整理委托方提供的有关资料，向委托方了解车辆的有关情况；根据车主的评估目的，确定计价标准和评估方法，拟订具体的工作步骤和作业进度，确定评估基准日和具体的日程安排；设计并印制评估所需要的各类表格。

（3）对汽车进行现场检查和技术鉴定

由二手车鉴定评估人员和专业技术人员对二手车的技术性能、结构状况、运行维护和完好程度进行鉴定，结合功能性损耗、经济性损耗等因素，做出技术鉴定。

（4）评定与估算

收集所欠缺的资料，对所收集的数据资料进行整理。根据已确定的评估价格标准和评估计算方法，对车辆进行评估，确定评估价值。

（5）核对评估结果，撰写评估报告

对汽车评估的各主要参数及计算过程进行核对，在确认评估结果准确无误的基础上，填写评估报表，撰写评估报告。

第三节　二手车技术状况鉴定

二手车技术状况的鉴定是二手车鉴定评估的基础与关键，其鉴定方法包括静态检查、动态检查和仪器检查三种。

一、二手车静态检查

1. 二手车静态检查必备工具

二手车静态检查是指二手车在静态情况下，根据二手车评估人员的技能和经验，用简单的工量具，对二手车技术状况进行检查。静态检查所需的工具和用品包括：笔和纸，用于记录鉴定过程中的一些主要内容；手电筒，用于鉴定检查过程中的暗处照明；擦布，用于擦手或擦零部件；旧毛毯或帆布，用于检查人员需要躺于车底时做铺垫；卷尺或小直（钢）尺，用于测量车辆和车轮罩之间的距离；光盘，用于测试唱机；小型工具箱，里面应该装有成套套筒棘轮扳手、一把火花塞套筒扳手、各种旋具、一把尖嘴钳子和一个轮胎撬棒，用于某些部件的拆装和检查；小磁铁或漆面厚度仪，用于检查车身油漆、腻子的厚度，发现维修痕迹；万用表，用于电气设备的检查和测试。

2. 静态检查的主要内容

二手车的静态检查主要包括识伪检查和外观检查两大部分，其中识伪检查主要包括鉴别走私车辆、拼装车辆和盗抢车辆等工作。外观检查包括鉴别事故车辆，检查发动机舱、乘员舱、行李舱和车身底部等内容（图7-1）。

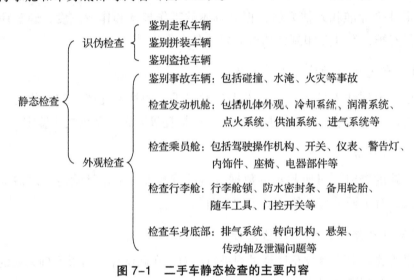

图7-1　二手车静态检查的主要内容

3. 识伪检查的工作流程

（1）鉴别走私和拼装车辆

走私车辆是指没有通过国家正常进口渠道进口的，并未完税的进口车辆。拼装车辆是指一些不法厂商和不法商人为了牟取暴利，非法组织生产、拼装，无产品合格证的假冒、低劣汽车。这些走私、拼装车辆，其中技术状况较好，符合国家机动车行驶标准和要求，已经由国家有关执法部门处理，通过拍卖等方式，取得合法地位，并已在公安车管部门注册登记上牌的，可以交易，但在评估价格上应低于正常状态的车辆。另一种走私、拼装车辆情况是无牌、无证的非法车辆，不但不能交易，而且应当给予罚没。鉴别走私、拼装车辆主要是通过查验公安车管部门的车辆档案，查验二手车的汽车产品合格证、维护保养手册、进口产品商验证明书和商验标志，查验外观、内饰、结构是否异样。

（2）鉴别盗抢车辆

盗抢车辆一般是指公安车辆管理部门已登记上牌的，在使用期内丢失的或被不法分子盗窃的，并在公安部门已报案的车辆。鉴别这类车辆的方法一般是：第一、根据公安车辆管理部门的档案资料，及时掌握车辆状态情况，防止盗抢车辆进入市场交易。第二、根据盗窃的一般手段，主要检查汽车门锁是否过新、锁芯有无被更换过的痕迹、门窗玻璃是否为原配正品、窗框四周的防水胶是否有插入玻璃升降器开门的痕迹、转向盘锁或点火开关是否有破坏或调换的痕迹。第三、检查有关证件、发动机号码和车辆识别代码是否有过改动和伪造。第四、查看车辆外观是否全身重新做过油漆，或者改变原车辆颜色。

4.外观检查的工作流程

（1）事故车的检查

事故车是指在使用中，曾经发生过严重碰撞、撞击、长时间泡水或较严重过火，虽经修复并在使用，但仍存在安全隐患的车辆。二手车鉴定评估前必须由训练有素的专业人士进行仔细检查和分析判断，做出正确的结论。

（2）检查发动机舱

发动机舱检查的主要内容是：检查发动机起动开关开启与关闭是否灵活；观察发动机表面是否清洁，有无油、水污及锈蚀，是否有零部件损坏或遗失，导线、电缆、真空管等接触处是否松动；查看发动机上有无发动机铭牌；检查发动机冷却系统；检查发动机润滑系统；检查点火系统；检查燃油泄漏；检查发动机进气系统；检查机体附件；检查发动机舱内其他部件。

（3）检查乘员舱

乘员舱检查的主要内容是：检查驾驶操纵机构；检查各类开关是否完好；检查仪表能否正常工作，有无缺失或损坏；检查指示灯或警告灯是否完好；检查坐椅是否正常；检查地毯和地板垫是否有泡水痕迹；检查杂物箱和托架是否损坏；检查电气设备是否正常。

（4）检查行李舱

行李舱检查的主要内容是：检查行李舱锁有无损坏；检查气压减振器是否正常；检查行李舱开关拉索或电动开关是否正常；检查防水密封条是否有划痕或损坏脱落；检查内部的油漆与外部油漆是否一致；检查行李舱地板是否有铁锈、修理和焊接痕迹，或行李舱密封条泄漏引起的发霉迹象；检查备用轮胎和随车工具；检查门控灯；检查行李舱盖的闭合质量。

（5）检查车身底部

车辆底部的检查包括：检查有否油、液、水的泄漏；检查排气系统是否正常；检查前、后悬架是否正常；检查转向机构是否正常；检查传动轴有无问题；检查车轮磨损的情况。

二、二手车动态检查

动态检查是指二手车在工作情况下，对二手车的技术状况进行检查。其目的是进一步检查发动机、底盘、电气电子设备的工作状况，及汽车的使用性能。二手车动态检查的主要内容包括：

1. 二手车路试检查

二手车路试检查，一般行驶 20km 左右，通过一定里程的路试来检查二手车的实际工况，包括：检查离合器的工作状况，检查变速器的工作状况，检查汽车动力性，检查汽车制动性能，检查汽车行驶稳定性，检查汽车行驶平顺性，检查汽车滑行能力，检查车辆行驶中的风噪声，检查驻车制动性能。

2. 路试前的准备工作

在进行路试之前，检查机油油位、冷却液液位、制动液液位、转向盘自由行程、轮胎胎压、各警告灯项目等。

3. 发动机工作性能检查

主要检查发动机的起动性、怠速、异响、急加速性、曲轴箱窜气量、排气颜色等项目。

4. 自动变速器的路试检查

（1）路试前的准备工作

在道路试验之前，应先让汽车以中低速行驶 5~10min，使发动机和自动变速器都达到正常工作温度。

（2）检查升档情况

将变速杆拨至前进档（D）位置，踩下加速踏板，使节气门保持在 1/2 开度左右，让汽车起步加速，检查自动变速器的升档情况。自动变速器在升档时发动机会有瞬时的转速下降，同时车身有轻微的闯动感。正常情况下，随着车速的升高，试车者应能感觉到自动变速器能顺利地由 1 档升入 2 档，随后再由 2 档升入 3 档，最后升入超速档。若自动变速器不能升入高速档（3 档或超速档），说明控制系统或换档执行元件有故障。

（3）检查升档车速

当察觉到自动变速器升档时，记下升档车速。一般 5 档自动变速器在节气门开度保持在 1/2 左右，由 1 档升至 2 档的升档车速为 25~35km/h，由 2 档升至 3 档的升档车速为 55~70km/h，由 3 档升至 4 档（超速档）的升档车速为 90~120km/h。由于升档车速和节气门开度有很大的关系，即节气门开度不同时，升档车速也不同，而且不同车型的自动变速器各档位传动比的大小都不相同，其升档车速也不完全一样。因此，只要升档车速基本保持在上述范围内，而且汽车行驶中加速良好，无明显的换档冲击，都可认为其升档车速基本正常。若汽车行驶中加速无力，升档车速明显低于上述范围，说明升档车速过低，即过早升档；若汽车行驶中有明显的换档冲击，升档车速明显高于上述范围，说明升档车速过高，即过迟升档。升档车速太低和换档车速太高一般是由于控制系统的故障所致，也可能是换档执行元件出现故障。

（4）检查升档时发动机的转速

有发动机转速表的汽车在做自动变速器道路试验时，应注意观察汽车行驶中发动机转速变化的情况。它是判断自动变速器工作是否正常的重要依据之一。在正常情况下，若自动变速器处于经济模式或普通模式，节气门保持在低于 1/2 开度范围内，则在汽车由起步加速直至升入高速档的整个行驶过程中，发动机转速都低于 3000r/min。通常在加速至即将升档时，发动机转速可达到 2500~3000r/min，在刚刚升档后的短时间内发动机转速下降至 2000r/min 左右，如果在整个行驶过程中发动机转速始终过低，加速至升档时仍低于 2000r/min，说明升档时间过早或发动机动力不足；如果在行驶过程中发动机转速始终偏高，升档前后的转速在 2500~3500r/min 之间，而且换档冲击明显，说明升档时间过迟；如果在行驶过程中发动机转速过高，经常高于 3000r/min，在加速时达到 4000~5000r/min，甚至更高，则说明自动变速器的换档执行元件（离合器或制动器）打滑，需要对自动变速器进行拆修。

（5）检查换档质量

换档质量的检查内容主要是检查有无换档冲击。正常的自动变速器只能有不太明显的换档冲击，特别是电子控制自动变速器的换档冲击十分微弱。若换档冲击太大，说明自动变速器的控制系统或换档执行元件有故障，其原因可能是油路油压过高或换档执行元件打滑。若自动变速器有故障则需要维修。

（6）检查锁止离合器工作状况

自动变速器变矩器中的锁止离合器工作是否正常也可以采用道路试验的方法进行检查。试验中，让汽车加速至超速档，以高于 80km/h 的车速行驶，并让节气门开度保持在低于 1/2 的位置，使变矩器进入锁止状态。此时，快速将加速踏板踩下至 2/3 开度，同时检查发动机转速的变化情况。若发动机转速没有太大变化，说明锁止离合器处于接合状态；若发动机转速升高很多，则表明锁止离合器没有接合，其原因通常是锁止控制系统有故障。

（7）检查发动机制动功能

检查自动变速器有无发动机制动作用时，应将变速杆拨至前进低速档（s、L 或 2、1）位置，在汽车以 2 档或 1 档行驶时，突然松开加速踏板，检查发动机是否有制动作用。

若松开加速踏板后车速立即随之下降，说明有发动机制动作用；否则说明控制系统或前进强制离合器有故障。

（8）检查强制降档功能

检查自动变速器强制降档功能时，应将变速杆拨至前进档（D）位置，保持节气门开度为 1/3 左右，在以 2 档、3 档或超速档行驶时突然将加速踏板完全踩到底，检查自动变速器是否被强制降低一个档位。在强制降档时，发动机转速会突然上升至 4000r/min 左右，并随着加速升档，转速逐渐下降。若踩下加速踏板后没有出现强制降档，说明强制降档功能失效。若在强制降档时发动机转速上升过高，达 5000~6000r/min，并在升档时出现换档冲击，则说明换档执行元件打滑，自动变速器需要拆修。

5. 路试后的检查

（1）检查油、冷却液温度

检查冷却液、机油、齿轮油温度（冷却液温度正常不应超过 90℃，机油温度不应高于 90℃，齿轮油温度不应高于 85℃）。检查运动机件过热情况。查看制动鼓、轮毂、变速器壳、传动轴、中间轴轴承、驱动桥壳（特别是减速器壳）等，不应有过热现象。

（2）检查"四漏"现象

一是，要求在发动机运转及停车时散热器、水泵、气缸、缸盖、暖风装置及所有连接部位均无明显渗漏水现象。二是，机动车连续行驶距离不小于 10km，停车 5min 后观察，不得有明显渗漏油现象。检查机油、变速器油、主减速器油、转向液压油、制动液、离合器油、液压悬架油等相关处有无泄漏。三是，检查汽车的进气系统、排气系统有无漏气现象。四是：检查发动机点火系统有无漏电现象。

三、二手车仪器检查

仪器检查是指使用仪器、设备对二手车的技术性能和故障进行检测和诊断，既定性又定量地对二手车进行技术检查。

1. 汽车性能检测的主要指标

对二手车进行综合检测，需要检测车辆的动力性、燃料经济性、转向操控性、排放污染、噪声等整车性能指标，以及发动机、底盘、电气电子等各部件的技术状况。

2. 汽车性能检测的检测设备

检测汽车性能指标需要的设备有很多，主要检测内容及对应采用的仪器设备见表 7-1。

表 7-1　汽车主要检测内容及对应的仪器设备

检测内容			检测仪器设备
整车	动力性	底盘输出功率	底盘测功机
		汽车直接加速时间	底盘测功机（装有模拟质量）
		滑行性能	底盘测功机
	燃料经济性	等速百公里油耗	底盘测功机、油耗仪
	制动性	制动力	制动检测台、轮重仪
		制动力平衡	制动检测台、轮重仪
		制动协调时间	制动检测台、轮重仪
		车轮阻滞力	制动检测台、轮重仪
		驻车制动力	制动检测台、轮重仪
	转向操作性	转向轮横向测滑量	侧滑检验台
		转向盘最大自由转动量	转向力—转向角检测仪
		转向操纵力	转向力—转向角检测仪
		悬架特性	底盘测功机
	前照灯	发光强度	前照明灯检测仪
		光束照射位置	前照明灯检测仪
	排放污染物	汽油车怠速污染物	废气分析仪
		汽油车双怠速污染物	废气分析仪
		柴油车排气可污染物	不透光仪
		柴油车排气自由加速	烟度计
	喇叭声级		声级仪
	车辆防雨密封性		淋雨试验台
	车辆表示值误差		车速表试验台
发动机部分	发动机功率		1. 无负荷测功仪 2. 发动机综合测试仪
	气缸密封性	气缸压力	气缸压力表
		曲轴箱窜气	曲轴箱窜气量检测仪
		气缸漏气量	气缸漏气量检测仪
		进气管真空度	真空表
	起动系统	起动电流 蓄电池起动电压 起动转速	1. 发动机综合测试仪 2. 汽车电器万能试验台
	点火系统	点火波形 点火提前角	1. 专用示波器 2. 发动机综合测试仪
	燃油系统	燃油压力	燃油压力表
	润滑系统	机油压力 机油品质	机油压力表 机油品质检测仪
	发动机异响		发动机异响诊断仪

（续）

检测内容			检测仪器设备
底盘部分		离合器打滑	离合器打滑测定仪
		传动系游动角度	游动角度检验仪
行驶系统		车轮定位	四轮定位仪
		车轮不平衡	车轮平衡仪
空调系统		系统压力	空调压力表
		空调密封性	卤素检漏灯
电子设备			微机故障检测仪

四、二手车技术状况综合评定

1 二手车技术状况评定的内容

评定二手车的技术状况主要从整车装备及外观检查、动力性、燃料经济性、制动性、转向操控性、前照灯发光强度和光束照射位置、排放污染物限值、车速表示值误差等方面进行。二手车的技术等级评定以台架试验检测为主，必要时需要辅以道路试验检测。

2. 二手车技术状况评定等级

汽车技术状况等级分为五级，分别以英文字母 A、B、C、D、E 来表示。A、B、C 三个等级为正常车辆等级，再分别进行细分，A 级分为 A+、A、A−，B 级分为 B+、B、B−，C 级分为 C+、C、C−。

（1）A 级车

A 级车是指被鉴定车辆的技术状况良好。

（2）B 级车

B 级车是指被鉴定车辆的技术状况一般。

（3）C 级车

C 级车是指被鉴定车辆的技术状况差。

（4）D 级车

D 级车是指存在事故、泡水痕迹的车辆。

（5）E 级车

E 级车是指有盗抢、改装嫌疑，无法进行交易的车辆。

3. A、B 和 C 级车的确定

A、B 和 C 级车是根据二手车技术状况评定的，即将二手车技术状况的检查内容及权

重分成车身外观（15%）、发动机舱（25%）、乘员舱（10%）、发动机起动（15%）、路试（15%）、底盘（20%）6大部分，每部分确定检查分项及分值，根据所得总分进行分级（表7-2），满分100分。A、B和C级车的技术状况等级的分值区间见表7-2。

表7-2　二手车技术状况评定等级表

技术状况等级		分值区间
A级车	A+	85< 鉴定总分≤100
	A	75< 鉴定总分≤85
	A-	65< 鉴定总分≤75
B级车	B+	55< 鉴定总分≤65
	B	45< 鉴定总分≤55
	B-	35< 鉴定总分≤45
C级车	C+	25< 鉴定总分≤35
	C	15< 鉴定总分≤25
	C-	0< 鉴定总分≤15

4. 检查项目及扣分标准

（1）车身外观检查

车身外观检查共设23个检查项目（"其他项目"不计入描述项目），每出现一个程度为1的扣0.5分，程度为2的扣1分，程度为3的扣1.5分，程度为4的扣2分，程度为5的扣2.5分。轮胎部分须符合程度6的标准，不符合标准扣1分。车身外观检查共计15分，扣完为止。若扣分总和大于15分，则得分以0分计。车身外观检查项目与扣分标准见表7-3。车身外观检查项目的定义描述为：车身检查部位代号＋缺陷状态代号＋缺陷程度代号。二手车车身外观检查项目与扣分标准见表7-3。

表7-3　二手车车身外观检查项目与扣分标准

检查部位	部位代号	缺陷状态与代号											缺陷程度代号与扣分标准						扣分	得分
		伤痕	弯曲	波纹	锈斑	腐蚀	裂纹	小孔	更换	做漆	痕迹	条纹	1 扣0.5分	2 扣1分	3 扣1.5分	4 扣2分	5 扣2.5分	6 扣1分		
		A	B	W	S	C	T	H	X	P	M	L								
发动机舱盖	20																			
左前翼子板	21																			
左后翼子板	22																			
右前翼子板	23																			
右后翼子板	24																			

（续）

检查部位	部位代号	缺陷状态与代号											缺陷程度代号与扣分标准						扣分	得分
		伤痕	弯曲	波纹	锈斑	腐蚀	裂纹	小孔	更换	做漆	痕迹	条纹	1 扣0.5分	2 扣1分	3 扣1.5分	4 扣2分	5 扣2.5分	6 扣1分		
		A	B	W	S	C	T	H	X	P	M	L								
左前车门	25																			
右前车门	26																			
左后车门	27																			
右后车门	28																			
行李舱盖	29																			
行李舱内侧	30																			
车顶	31																			
前保险杠	32																			
后保险杠	33																			
左前轮	34																			
左后轮	35																			
右前轮	36																			
右后轮	37																			
前照灯、尾灯	38																			
前后风窗玻璃	39																			
四门风窗玻璃	40																			
左右后视镜	41																			
其他项目	42																			
总计																				

表中缺陷程度代号与扣分标准的含义是：1—缺陷面积小于2cm×2cm；2—缺陷面积大于2cm×2cm且小于10cm×10cm；3—缺陷面积大于10cm×10cm且小于20cm×20cm；4—缺陷面积大于20cm×20cm且小于A4（21cm×29.7cm）纸张面积；5—缺陷面积大于A4（21cm×29.7cm）纸张面积；6—轮胎花纹深度小于1.6mm。例如：24S2对应含义的描述应当为：右后翼子板有锈斑，面积大于2cm×2cm，且小于10cm×10cm。

（2）发动机舱检查

发动机舱检查共设13个检查项目（"其他"不计入描述项目），每项检查为3分，选择 A 不扣分，选择 B 扣 1.5 或 2 分，选择 C 扣 3 或 4 分。共计分数 25 分，扣完为止。若扣分总和大于 25 分，则得分以 0 分计。发动机舱检查项目与扣分标准见表 7-4。

表 7-4　发动机舱检查项目及扣分标准

序号	检查项目	选择项与扣分标准						扣分	得分
		A 项	扣分标准	B 项	扣分标准	C 项	扣分标准		
1	检测发动机气缸压力	≥额定值85%	0	≥额定值75%	1.5	<额定值75%	3		
2	检测机油、冷却液是否渗入	无	0	轻微	1.5	严重	3		
3	检测散热器是否有渗漏	无	0	轻微	1.5	严重	3		
4	气缸盖外是否有大量机油渗漏	无	0	轻微	1.5	严重	3		
5	前翼子板内缘与散热器框架及横拉梁连接是否平整	平整	0	变形	2	更换	4		
6	散热器格栅	正常	0	较差	1.5	更换	3		
7	蓄电池电极极柱腐蚀	正常	0	轻微	1.5	严重	3		
8	蓄电池电解液渗漏、缺少	正常	0	轻微	1.5	严重	3		
9	空调冷凝器	正常	0	较差	1.5	不工作	3		
10	检测发动机传动带	较新	0	轻微老化	1.5	老化严重	3		
11	检测油管、水管是否老化、龟裂	较新	0	轻微老化	1.5	出现龟裂	3		
12	检测线路是否老化、破损	完好	0	轻微老化	1.5	出现破损	3		
13	其他（若有仅进行缺陷描述，不扣分）		0		0		0		
总计									

（3）乘员舱检查

乘员舱检查共设 13 个检查项目（"其他"不计入描述项目）。每个项目设有 A 和 C 两个选项，选择 A 均不扣分，选择 C 扣 0.5 或 1 分。共计分数 10 分，扣完为止，若扣分总和大于 10 分，则得分以 0 分计。车舱检查项目与扣分标准见表 7-5。

表 7-5 乘员舱检查项目与扣分标准

序号	检查项目	选择项与扣分标准				扣分	得分
		A 项	扣分标准	C 项	扣分标准		
1	车内是否有泡水痕迹	无	0	有	1.5		
2	坐椅完整，无破损，功能正常	功能正常	0	功能不正常	0.5		
3	车内整洁，无异味	整洁，无异味	0	不洁或有异味	0.5		
4	机动车转向盘的最大自由转动量从中间位置向左右不可超过 15°	正常	0	不正常	1		
5	车顶及周边内饰清洁，有无破损、松旷及裂缝和污迹	正常	0	不正常	1		
6	仪表台是否有划痕，配件缺失	否	0	是	1		
7	变速杆	否	0	是	1		
8	储物盒是否有划痕、裂痕，配件缺失	否	0	是	1		
9	天窗是否违规自行安装	否	0	是	1		
10	窗口密封条是否良好	是	0	否	1		
11	安全带功能结构是否完整	是	0	否	1		
12	驻车制动系统结构是否完整	是	0	否	1		
13	其他（若有仅进行缺陷描述，不扣分）		0		0		
	总计						

（4）发动机起动检查

发动机起动检查共设 13 个检查项目（"其他"不计入检查项目），每个项目设有 A 和 C 两个选项，选择 A 均不扣分，选择 C 扣 0.5 至 10 分不等。共计分数 15 分，扣完为止，若扣分总和大于 15 分，则得分以 0 分计。发动机起动检查项目与扣分标准见表 7-6。

表 7-6 发动机起动检查项目与扣分标准

序号	检查项目	选择项与扣分标准				扣分	得分
		A 项	扣分标准	C 项	扣分标准		
1	检查车辆起动是否困难	起动正常	0	起动不正常	2		
2	检查仪表板上的指示灯显示是否正常	工作正常	0	工作不正常	2		

（续）

序号	检查项目	选择项与扣分标准				扣分	得分
		A项	扣分标准	C项	扣分标准		
3	各类灯光和调节功能及泊车雷达功能	工作正常	0	工作不正常	1		
4	空调系统风量大小和方向调节工作是否正常	工作正常	0	工作不正常	0.5		
5	空调系统空气循环工作是否正常	工作正常	0	工作不正常	0.5		
6	空调分区控制和自动控制	工作正常	0	工作不正常	0.5		
7	空调系统制冷系统工作是否正常	工作正常	0	工作不正常	0.5		
8	各类仪表显示是否正常	工作正常	0	工作不正常	1		
9	发动机在冷/热车条件下怠速运转是否稳定	工作正常	0	工作不正常	10		
10	发动机声响是否正常	工作正常	0	工作不正常	2		
11	尾排是否冒蓝烟	无	0	有蓝烟	10		
12	空档状态下逐渐增加发动机的转速（不超过发动机额定转速的2/3），听发动机声，加速时过渡是否均匀，有无异响	工作正常	0	工作不正常	2		
13	其他（若有仅进行缺陷描述，不扣分）	工作正常	0	工作不正常	0		
	总计						

（5）路试检查

路试检查共设12个检查项目（"其他"不计入检查项目），每个项目设有A和C两个选项，选择A均不扣分，选择C扣0.5至3分不等。路试检查共计分数15分，扣完为止；若扣分总和大于15分，则得分以0分计。路试检查项目与扣分标准见表7-7。

表7-7　路试检查项目与扣分标准

序号	检查项目	选择项与扣分标准				扣分	得分
		A项	扣分标准	C项	扣分标准		
1	发动机动力输出是否正常	是	0	否	1.5		
2	用力踩下制动踏板，保持5~10s，踏板不能有向下移动的现象	无向下移动的现象	0	有向下移动的现象	0.5		
3	行车制动系最大制动效能在踏板全行程的五分之四以内达到	起到完全制动效果	0	不能起到完全制动效果	1		
4	在车速不大于60km/h，轮胎和气压符合条件，道路平直条件下放松转向盘向前行驶200m	行驶轨迹偏差不超过2m	0	行驶轨迹偏差超过2m	1		

（续）

序号	检查项目	选择项与扣分标准				扣分	得分
		A 项	扣分标准	C 项	扣分标准		
5	机动车在平坦、硬实、干燥和清洁的水泥或沥青路面（路面的附着系数为 0.7），以 30km/h 的车速，紧急制动，制动距离不应当大于 6m	不大于 6m	0	大于 6m	3		
6	在干燥公路上，以 60km/h 的车速，点制动，车辆应当不跑偏	车辆不跑偏	0	车辆跑偏	3		
7	直线行驶，变速器是否有异响	无异响	0	有异响	1		
8	手动变速器换档过程中档位是否清晰或有异响，自动变速器换档过程是否有严重冲击感	工作正常	0	工作异常	1.5		
9	路试结束后，排气管口的试纸是否变黑	正常	0	变黑	0.5		
10	行驶过程中车辆底盘部位是否有异响	无异响	0	有异响	1.5		
11	行驶过程中车辆转向部位是否有异响	无异响	0	有异响	0.5		
12	其他（若有仅进行缺陷描述，不扣分）		0		0		
	总计						

（6）底部检查

底部检查共设 8 个检查项目（"其他"不计入检查项目），每个项目设有 A 和 C 两个选项，选择 A 均不扣分，选择 C 扣 0.5 至 4 分不等。底部检查共计分数 20 分，扣完为止。底部检查项目与扣分标准见表 7-8。

表 7-8　底部检查项目与扣分标准

序号	检查项目	选择项与扣分标准				扣分	得分
		A 项	扣分标准	C 项	扣分标准		
1	发动机底壳是否渗漏	无渗漏	0	有渗漏	4		
2	减振器是否渗漏	无渗漏	0	有渗漏	2		
3	变速器箱体是否渗漏	无渗漏	0	有渗漏	4		
4	转向节臂球销是否松动	不松动	0	松动	3		
5	三角臂球销是否松动	不松动	0	松动	3		
6	传动轴十字轴是否松动破损	无破损	0	破损	2		
7	减振弹簧是否损坏	无损坏	0	有损坏	2		
8	其他（若有仅进行缺陷描述，不扣分）		0		0		
	总计						

（7）D 级车的确定

当车身骨架上任何一个鉴定项目出现变形、烧焊、扭曲、锈蚀、褶皱和更换缺陷时，车辆技术状况为 D 级，即事故车。评估人员通过对车辆宏观的检查，根据车辆是否有过碰撞的痕迹，确定车体结构是否完好无损。车身骨架鉴定项目为 19 项，每项用数字代号表示，具体见表 7-9。

表 7-9　车身骨架鉴定项目代号

鉴定项目	项目代号	鉴定项目	项目代号
车身总成	1	左后翼子板内板	11
左 A 柱	2	右前翼子板内板	12
左 B 柱	3	右后翼子板内板	13
左 C 柱	4	左前纵梁	14
左 D 柱	5	右前纵梁	15
右 A 柱	6	车体左右对称部位	16
右 B 柱	7	减振器悬架部位	17
右 C 柱	8	发动机舱底板	18
右 D 柱	9	发动机舱隔板	19
左前翼子板内板	10		

事故汽车均会留下事故痕迹，通常的事故痕迹有变形、烧焊、扭曲、锈蚀、褶皱、更换等，其相应的代号见表 7-10。

表 7-10　事故车事故痕迹相应代号

事故痕迹	变形	烧焊	扭曲	锈蚀	褶皱	更换
代　　号	S	W	T	C	D	R

事故缺陷描述可用代号表示，即车身骨架鉴定代号 + 事故痕迹代号。

例如：4W，即左 C 柱有烧焊痕迹。

若确定被评估车辆为 D 级车，可根据具体情况，按下列步骤进行事故车辆的总损失估算，填写损失评估报告。

第 1 步：事故损伤维修与换件项目的确定。

第 2 步：维修方案与工艺的确定。

第 3 步：材料费和工时费的估算。

第 4 步：维修费用的估算。

第 5 步：因事故致使车辆安全性能降低等事故减值损失的估算。

第 6 步：材料费包括应该更换的零部件及相应的辅料和材料管理费。事故车恢复状态应该符合《机动车运行安全技术条件》（GB 7258—2017）标准。

第7步：填写损失评估报告。

（8）E级车的确定

E级车是指有盗抢、改装嫌疑，无法进行交易的车辆。通过对行驶证等法定证明、凭证与车辆信息的核对，CCC（3C）认证标志，是否更换过车身、发动机总成等因素，对二手车进行识伪检查，判断车辆是否可以交易，从而判断该车是否是E级车。若以下8项中任何一个鉴定科目的选项被选E时，车辆技术状况等级为E。当确定车辆为E级车辆后，应根据实际情况，按照《二手车鉴定评估规范》的规定进行相应的处理。

第一，是否私自拓改车辆识别代号（VIN码）。A：未更改；E：已更改。

第二，是否私自拓改发动机号。A：未更改；E：已更改。

第三，车身颜色与证件是否一致。A：一致；E：不一致。

第四，是否已办理报废手续的或已达报废年限或报废标准的车辆。A：未到达；E：已到达。

第五，是否经过安全检测和质量检测的各类二手机动车。A：已通过；E：未通过。

第六，转向盘是否右置。A：不是；E：是。

第七，是否违规改装。A：不是；E：是。

第八，是否《二手车流通管理办法》禁止流通的二手车。A：是；E：不是。

五、二手车评估的基本方法

二手车价值和二手车的交易价格不尽相同。二手车评估，评估的是二手车的价值，即包括车辆价值及各种税费。而二手车的交易价格则对税费一块忽略不计。

目前二手车价值评估的方法主要采用现行市价法和重置成本法两种。

1. 现行市价法

现行市价法评估的是二手车的交易价格，是以市场上同类车辆的现行市场价格为基础，借此确定车辆价值的一种评估方法，从理论上讲，市场价格是假定在一个公开竞争的市场价格上的协商价格，是买卖双方在某一时间都认可的价格。买卖双方都有了解其他市场的机会，也都有时间为鉴定做准备。

（1）现行市价法应用的前提条件

第一、采用现行市价法需要有一个充分繁荣、活跃、规范的二手车交易市场，有充分的参照物可取，即要有二手车交易的公开市场。在这个市场上有众多的卖者和买者，交易充分平等，这样可以排除交易的偶然性和特殊性。市场成交的二手车价格可以准确反映市场行情，评估结果更公平公正，双方都易接受。

第二、参照物及其与被评估车辆可比较的指标、技术参数等资料是可收集到的，并且价值影响因素明确，可以量化。参照物成交价不仅仅是参照物自身价值体现，还要受买卖双方交易地位、交易动机、交易时限等因素影响。因此，在评估中除了要求参照物与评估对象在功能、交易条件和成交时间上有可比性，还要考虑参照物的数量。

（2）采用现行市价法评估的步骤

采用现行市价法评估二手车价格的步骤是：

第一步：收集资料。即收集评估对象的资料，包括车辆的类别名称、型号和性能、生产厂家及出厂年月，了解车辆目前使用情况、实际技术状况以及尚可使用的年限等资料。

第二步：选定类比车辆。采用现行市价法评估所选定的类比车辆必须具有可比性，可比性因素包括：车辆型号一致；同一车辆制造厂家生产的产品；车辆来源；车辆使用年限，行驶里程数类似；车辆实际技术状况类似；所选定的类比车辆所处的市场状况应当类似；交易目的类似；车辆所处的地理位置类似；成交数量，因为单台交易与成批交易的价格会有一定差别；成交时间，应尽量采用近期成交的车辆作类比对象。

第三步：分析、类比。综合上述可比性因素，对待评估的车辆与选定的类比对象进行认真的分析比较、量化和调整。综合被评估车辆与参照物之间的销售时间、车辆性能差异、车辆新旧程度的差异、销售数量的差异、付款方式的差异等各种可比性因素加以确定，并尽可能予以量化、调整。

第四步：汇总差异量化值，求出车辆评估值。对上述各差异因素量化值进行汇总，给出车辆的评估值。以数学表达式表示为：

$$被评估车辆的价值 = 参照物现行市价 \pm \sum 差异量$$

$$被评估车辆的价值 = 参照物现行市价 \times 差异调整系数$$

（3）采用现行市价法的优缺点

用现行市价法得到的评估值能够客观反映二手车目前的市场情况，其评估的参数、指标直接从市场获得，评估值能反映市场现实价格。因此，评估结果易于被各方面理解和接受。这种方法的不足之处是需要以公开及活跃的市场作为基础，有时寻找参照对象困难；可比因素多而复杂，即使是同一个生产厂家生产的同一型号的产品，同一天登记，由于不同的车主使用，因其使用强度、使用条件、维修水平等多种因素作用，其实体损耗、新旧程度都各不相同。

（4）现行市价法评估应用举例

下面用实例说明利用现行市价法估算车辆价格的具体计算过程。例：评估人员在对某辆汽车进行评估时，选择了三个近期成交的与被评估车辆类别、结构基本相同，经济技术参数相近的车辆作为参照物。参照物与被评估车辆的一些具体经济技术参数见表7-11。

表 7-11　车辆及参照物的有关经济技术参数

序号	经济技术参数	计量单位	参照物 A	参照物 B	参照物 C	被评估车辆
1	车辆交易价格	元	50000	65000	40000	
2	销售条件		公开市场	公开市场	公开市场	公开市场
3	交易时间		6个月前	2个月前	10个月前	
4	已使用年限	年	5	5	6	5
5	尚可使用年限	年	5	5	4	5
6	成新率	%	60	75	55	70
7	年平均维修费用	元	20000	18000	25000	20000
8	每百公里油耗	L	25	22	28	24

第一步：由上表对评估车辆与参照物之间的差异进行比较、量化。

第一、销售时间的差异。根据搜集到的资料表明，在评估之前到评估基准日之间的一年内，物价指数大约每月上升 0.5% 左右。各参照物与被评估车辆由于时间差异所产生的差额为：

被评估车辆与参照物 A 相比较晚 6 个月，价格指数上升 3%，其差额为：

$$50000 元 \times 3\% = 1500 元$$

被评估车辆与参照物 B 相比较晚 2 个月，价格指数上升 1%，其差额为：

$$65000 元 \times 1\% = 650 元$$

被评估车辆与参照物 C 相比较晚 10 个月，价格指数上升 5%，其差额为：

$$40000 元 \times 5\% = 2000 元$$

第二、车辆的性能差异。按每日运营 150km、每年平均出车 250 天，计算各参照物与被评估车辆，每年由于燃料消耗的差异所产生的差额。燃料价格按每升 6.4 元计算。

A 车每年比评估车辆多消耗的燃料费用为：

$$（25L-24L）\times 6.4 元 /L \times 150/100 \times 250 = 2400 元$$

B 车每年比评估车辆少消耗的燃料费用为：

$$（24L-22L）\times 6.4 元 /L \times 150/100 \times 250 = 4800 元$$

C 车每年比评估车辆多消耗的燃料费用为：

$$（28L-24L）\times 6.4 元 /L \times 150/100 \times 250 = 9600 元$$

各参照物与被评估车辆每年由于维修费用的差异所产生的差额为：

A 车与被评估车辆每年维修费用的差额为：

$$20000 元 - 20000 元 = 0 元$$

B 车比被评估车辆每年少花费的维修费用为：

$$20000 元 - 18000 元 = 2000 元$$

C 车比被评估车辆每年多花费的维修费用为：

$$25000 元 - 20000 元 = 5000 元$$

第三、由于运营成本不同，各参照物每年与被评估车辆的差异为：

A 车比被评估车辆每年多花费的运营成本为：

$$2400 元 + 0 = 2400 元$$

B 车比被评估车辆每年少花费的运营成本为：

$$4800 元 + 2000 元 = 6800 元$$

C 车比被评估车辆每年多花费的运营成本为：

$$9600 元 + 5000 元 = 14600 元$$

第四、取所得税税率为 33%，则税后各参照物每年比被评估车辆多（或少）花费的营运成本为：

税后 A 车比被评估车辆每年多花费的营运成本为：

$$2400 元 × （1-33\%） = 1608 元$$

税后 B 车比被评估车辆每年少花费的营运成本为：

$$6800 元 × （1-33\%） = 4556 元$$

税后 C 车比被评估车辆每年多花费的营运成本为：

$$14600 元 × （1-33\%） = 9782 元$$

第五、使用的折现率为 10%，则在剩余的使用年限内，各参照物比被评估车辆多（或少）花费的运营成本为：

A 车比被评估车辆多花费的营运成本折现累加为：

$$1608 × （P/A, 10\%, 5） = 1608 元 × 3.7908 ≈ 6096 元$$

B 车比被评估车辆少花费的营运成本折现累加为：

$$4556 元 × （P/A, 10\%, 5） = 4556 元 × 3.7908 ≈ 17271 元$$

C 车比被评估车辆多花费的营运成本折现累加为：

$$9782 元 × （P/A, 10\%, 5） = 9782 元 × 3.7908 ≈ 37082 元$$

成新率的差异：

A 车与被评估车辆，由于成新率的差异所产生的差额为：

$$50000 元 × （70\%-60\%） = 5000 元$$

B 车与被评估车辆，由于成新率的差异所产生的差额为：

$$65000 元 × （70\%-75\%） = -3250 元$$

C 车与被评估车辆，由于成新率的差异所产生的差额为：

$$40000 元 × （70\%-55\%） = 6000 元$$

第二步：根据被评估车辆与参照物之间差异的量化结果，确定车辆的评估值。与参照物 A 相比分析调整差额，初步评估的结果为：

车辆评估值 =50000 元 +1500 元 +6096 元 +5000 元 =62596 元

与参照物 B 相比分析调整差额，初步评估的结果为：

车辆评估值 =65000 元 +550 元 −17271 元 −3250 元 =45029 元

与参照物 C 相比分析调整差额，初步评估的结果为：

车辆评估值 =40000 元 +2000 元 +37082 元 +6000 元 =85082 元

第三步：综合定性分析，确定车辆的评估值。

从上述初步估算的结果可知，按三个不同的参照物进行比较测算，初步估算的结果最多相差 40053 元（85082 元 −45029 元 =40053 元）。

其中一部分原因是三个参照物的成新率不同（参照物 A 为 60%，参照物 B 为 75%，参照物 C 为 55%）。

另外，在选取有关的经济技术参数时也可能存在误差。为减少误差，结合考虑被评估车辆与参照物的相似程度，决定采用加权平均法确定评估值。

参照物 B 的交易时间离评估基准日较接近（仅隔 2 个月），且已使用年限、尚可使用年限、成新率等都与被评估车辆最相近。由于它的相似程度比参照物 A、C 更大，故决定选取参照物 B 的加权系数为 60%。

参照物 A 的交易时间、已使用年限、尚可使用年限、成新率等比参照物 C 的相似程度更大，故决定取参照物 A 的加权系数为 30%。取参照物 C 的加权系数为 10%。加权平均后，车辆的评估值为：

车辆评估值 =45029 元 ×60%+62596 元 ×30%+85082 元 ×10% ≈ 54304 元

2. 重置成本法

重置成本法，是指二手车能够继续使用的前提下，假设新购置一辆全新状态的被评估车辆，其所需的全部成本中，减去二手车累积损耗，所得出残值的一种评估方法。

重置成本法可分为复原重置成本和更新重置成本。在进行重置成本计算时，如果同时可以取得复原重置成本和更新重置成本，通常选用更新重置成本。

（1）重置成本法计算公式的选用

根据重置成本法的原理，其基本计算公式为：

车辆评估价值 = 重置成本 × 成新率 × 调整系数

（2）车辆有形损耗及成新率的估算

车辆有形损耗也称为车辆的实体性贬值，它是由于使用磨损和自然损耗形成的。有形损耗也叫实体性贬值，是指机动车在存放和使用过程中，由于物理和化学原因而导致的车辆实体发生的价值损耗，即由于自然力的作用而发生的损耗。有形损耗与成新率是同一事物的两方面，有形损耗用相对数来表示，它的余数就是成新率（表 7-12），即：

成新率 =1- 有形损耗率或：有形损耗率 =1- 成新率

估测车辆的成新率或有形损耗率，通常采用年限法计算。

该方法假设：车辆在整个使用寿命期间，有形损耗与时间呈线性递增关系。使用年限法的公式为：

成新率 =（1- 车辆使用年限 / 车辆总使用年限）×100%

从上述公式可知，运用使用年限法估算车辆的成新率，必须首先确定以下两个参数：车辆总使用年限、车辆已使用年限。

表 7-12　车辆成新率评估参考表

车况等级	新旧情况	有形损耗率（%）	技术状况参考说明	成新率（%）
1	使用不久的车辆	0~10	使用不久，行驶里程在 3~5 万 km。在用状态良好，能按设计要求正常使用，无异常现象	100~90
2	较新车辆	11~35	已使用一年以上，行驶里程在 15 万 km 左右。在用状态良好，能满足设计要求，未出现过较大故障，可随时出车使用	89~65
3	半新车辆	36~60	已使用 4~5 年。发动机或整车经过一次大修，在用状态较好，基本上能达到设计要求，外观中度受损，需经常维修以保证正常使用	64~40
4	旧车辆	61~85	已使用 5~8 年。发动机或整车经过二次大修，在用状态一般，性能明显下降，外观油漆脱落，金属件明显锈蚀，使用中故障较多，经维修后仍能满足工作要求，车辆符合《机动车安全技术条件》	39~15
5	待报废处理车辆	86~100	已达到规定使用期限或性能严重劣化，目前已不能正常使用或停用，即将报废待更新	15 以下

整车观测法的判断结果没有部件鉴定法准确，一般用于中、低价值车辆成新率的初步估算，或作为利用综合分析法确定车辆成新率的参考依据。

综合分析法，是以使用年限法为基础，综合考虑车辆的实际技术状况，维护保养情况、原车制造质量、工作条件及工作性质等因素的影响，以系数调整后，确定成新率的一种方法。其计算公式为：

成新率 =（1- 车辆已使用年限 / 车辆总使用年限）× 综合调整系数 ×100%

综合调整系数可参照表 7-13 中所推荐的数据，用加权平均的方法确定。

表 7-13 车辆综合调整系数

影响因素	因素分级	调整系数	权重（%）
技术状况	好	1.2	30
	较好	1.1	
	一般	1	
	较差	0.9	
	差	0.8	
维护情况	好	1.1	25
	一般	1	
	较差	0.9	
制造质量	进口	1.1	20
	国产名牌	1	
	国产非名牌	0.9	
工作性质	私用	1.2	15
	公务、商务	1	
	营运	0.7	
工作条件	较好	1	10
	一般	0.9	
	较差	0.8	

（3）重置成本法评估应用举例

某公司欲出售一辆进口高档轿车，根据调查，目前此款车的售价为 35 万元。至评估基准日止，该车已使用了 2 年 6 个月，累计行驶里程 65000km。根据调查、比较，该车的重置成本为 35 万元，功能性损耗、经济性损耗均很小，可忽略不计。由于被评估车辆的价值较高，故决定采用部件鉴定法确定其成新率。

根据被评估车辆上各主要部分的价值及重要性占整车价值及重要性的比重按百分比确定各部分的权重，见表 7-14。

表 7-14 车辆各部分的权分表

总成部件	发动机及其控制系统	变速驱动桥及控制系统	悬架与车桥	制动及转向系统	车身及附属装置	电气及仪表装置	轮胎
权重（%）	30	15	12	12	25	4	5

对车辆进行技术鉴定，确定车辆各部分的成新率及整车的成新率，见表 7-15。

表 7-15　车辆成新率估算明细表

总成部件	权分（%）	成新率（%）	加权成新率（%）
发动机及其控制系统	30	80	24
变速驱动桥及控制系统	15	80	12
悬架与车桥	12	65	7.8
制动及转向系统	12	80	9.6
车身及附属装置	25	70	17.5
电气及仪表装置	4	70	2.8
轮胎	2	80	1.6
合计	100		75.3

计算车辆的评估值：

$$车辆的评估值 = 350000 元 \times 75.3\% = 263550 元$$

本章小结

本章重点介绍了二手车服务的主要内容与经营形式，二手车鉴定评估的基本技术和二手车交易的核心流程，目的在于使学生通过学习和模拟实训，掌握二手车鉴定评估的基本技术，并能充分理解二手车服务的产业价值，为以后创新创业、应对不确定岗位条件下的职业生涯做好思想与专业上的准备。

综合实训与练习

一、问答题

1. 什么是二手车?

2. 详细阐述二手车市场的主要经营主体。

3. 分别说明二手车鉴定的三个方法及车辆各部位的检查要点。

4. 详细说明现行市价法的工作要点。

5. 详细阐述重置成本法的工作要点。

二、实训题

1. 选择校园内的若干车辆，假设车辆信息，组织学生通过现场鉴定和网络查询，运用现行市价法对这些车辆进行价值评估。

2. 通过网络查询，绘制 2015—2019 年二手车销量趋势图。

第八章
汽车配件与用品服务

汽车是一种使用环境涉及面广的商品。客户不但需要汽车厂商提供可靠便捷的购买服务，而且需要汽车厂商能够提供完善的、高层次的、令客户满意的用车服务。在这个过程中，汽车配件的供应就成为汽车售后服务过程中的重要环节。如果配件供应不及时，配件质量达不到规定的技术标准，配件服务人员不能为顾客提供优质的服务，不但会导致客户在汽车使用过程中增加种种不必要的麻烦，而且会影响整车的销售、增加汽车使用过程中的不安全因素。

汽车配件与用品作为汽车的重要组成部分，是汽车产业发展的基础。在经济全球化的背景下，伴随着汽车产业新的变化，世界汽车配件与用品产业也呈现出新的发展态势。我国汽车配件与用品行业在国民经济中占有很重要的地位。随着我国经济和社会的发展，汽车消费特别是轿车消费日益大众化，汽车配件与用品作为汽车整车制造业的配套产业，将迎来一个发展的新时期。

教学目的

通过本章学习，了解汽车配件和汽车用品的基本概念和分类，理解汽车配件和汽车用品市场的基本特点及未来趋势，理解汽车配件和汽车用品营销的基本特点，熟悉做好汽车配件和汽车用品服务的关键策略。

教学要求

明确汽车配件和用品在汽车后市场服务中的基本地位，熟悉汽车配件和用品的基本分类，明确汽车配件和汽车用品市场的发展趋势和应对策略。

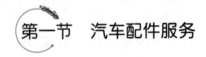

第一节　汽车配件服务

一、汽车配件的概念

1.汽车零部件

汽车零部件是构成汽车整体的各个单元，是构成汽车的各个器官。

2. 汽车配件

汽车配件则是汽车零部件和耗材的统称，因而它的概念要比零部件更大。

二、汽车配件的分类

汽车配件的品种繁多，可以从用途、生产来源、材质、安装位置、供销关系等多个方面进行分类。

1. 按配件用途分类

汽车配件从用途上可以分为：

1）必装件：即汽车正常行驶所必需的配件，如转向盘、发动机等。

2）选装件：即非汽车正常行驶必需的配件，如 CD、GPS、氙气前照灯等。

3）装饰件：即为了美化和改善汽车内外环境加装的备件，如香水、头枕、大包围，底盘装甲等。

4）消耗件：即是汽车使用过程中容易老化消耗，经常需要更换和补充的备件，如润滑油、冷却液、冷媒、刮水器等。

2. 按配件生产来源分类

汽车配件从生产来源上可以分为：

1）原厂件：即与汽车制造厂家配套的装配件。

2）副厂件：即专业配件厂生产，符合整车厂技术条件，不安装在新车上，但可以在维修时使用的配件。

3）自制件：即配件厂家自制的与整车厂家使用的配件在外观和使用效果上相似的配件。

3. 按配件材质分类

1）金属配件：包括由钢板、结构钢、弹簧钢、耐热合金钢、铸铁、铜及铜合金、铝及铝合金、其他有色金属合金、烧结合金等材料制造的配件。

2）电子配件：现代汽车电子技术是衡量汽车发展的重要标志，按照对汽车行驶性能作用的影响来划分，汽车电子配件目前主要有两类：一类是汽车电子控制装置，即"机电结合"的汽车电子装置，另一类是车载汽车电子装置，车载汽车电子装置是在汽车环境下能够独立使用的电子装置，它和汽车本身的性能并无直接关系。

3）塑料配件：即使用塑料制成的各种汽车配件，如保险杠、仪表板、面罩、空调器箱、灯箱，车内衬板、后视镜、风扇及护圈、座椅及靠背、蓄电池壳等。

4）橡胶配件：橡胶是汽车上常用的一种材料。据统计，一辆汽车上的橡胶配件要占到全车装备质量的 5% 以上。一辆汽车上有数以百计的配件由橡胶制成，例如轮胎、连接软管、密封件、防振件、传动件、衬垫类等。

5）组合配件：即使用多种材料制造组合而成的汽车配件。

4. 按配件安装位置分类

1）发动机配件：包括发动机、发动机总成、节气门体、气缸体、张紧轮等。

2）传动系配件：包括离合器、变速器、变速杆总成、减速器、磁性材料等。

3）制动系统配件：包括制动总泵、制动分泵、制动器总成、制动踏板总成、压缩机、制动盘、制动鼓等。

4）转向系配件：包括主销、转向机、转向节、球头销等。

5）行走系配件：包括后桥空气悬架系统、平衡块、钢板等。

6）电器仪表配件：包括传感器、汽车灯具、火花塞、蓄电池等。

7）汽车灯具配件：包括装饰灯、防雾灯、吸顶灯、前照灯、探照灯等。

8）汽车改装配件：包括轮胎打气泵、汽车顶箱、汽车顶架、电动绞盘等。

9）安全防盗配件：包括转向盘锁、车轮锁、安全带、摄像头等。

10）汽车内饰配件：包括汽车地毯（脚垫）、转向盘套、转向盘助力球、窗帘、太阳挡等。

11）汽车外饰配件：包括轮毂盖、车身彩条贴纸、牌照架、晴雨挡。

12）综合配件：包括粘结剂、密封胶、随车工具、汽车弹簧、塑料件等。

13）化工护理配件：包括冷却液、制动液、防冻液、润滑油等。

5. 按配件供销关系分类

1）畅销配件：指市场上需求旺盛、销售很好的配件。

2）滞销配件：指车辆改型后市场上使用较少、或者由于营销工作没有做好，致使应该可以销售的配件由于过时而压库滞销。

3）脱销配件：指市场上有客观需求，但由于生产量不足、库存深度不足或采购不及时导致的缺货。

三、汽车配件经营的行业特点

1. 经营品牌的多样性

目前国内有上千种不同型号汽车，每辆汽车包括上万个零部件。要保证新车制造和对在用车辆的及时服务，需要大量的配件制造商及各具特点的品牌供应商来提供保障。

2. 经营市场的分散性

汽配市场分布广，经营规模偏小，产品需求零碎，市场地域分散。

3. 经营管理的专业性

汽车配件融合了多种高新技术的集合体，每一个汽车零部件都具有严格的型号、规格、工况和标准。要在成千上万的零部件品种和规格中为顾客快速精准地查找所需零配件，就必须以高度专业化的管理人员和计算机网络信息管理系统作为保障，作业要求非常专业。

四、我国汽车配件市场的现状

尽快促进配件产业整合，进行大规模专业化生产，提升零配件的制造水平，是我国零配件企业参与国际竞争的重要砝码。我国汽车配件行业具有一定发展优势，但同时也面临着一系列突出的问题，需要紧迫应对和解决。主要问题是：

1. 层次亟待提升

目前我国的汽车配件企业规模较小，产品结构不合理，不能适应消费升级和市场日益多样化的实际需求，整个汽车零部件产业还处于较低层次。主要表现在，重复分散、集中度低、配套单一。

2. 研发能力不足

研发能力是汽车零部件企业最重要的核心竞争力之一。国际汽车零部件供应商十分重视研发能力的投入，而我国汽车零部件企业研发投入偏低，主要集中在科技含量相对较低的机械零部件方面，一些技术含量较高的关键零部件研发能力不足，不能与整车厂同步开发。

3. 企业经营观念滞后

为降低成本，提升竞争力，当前国际跨国汽车企业都已开始在全球范围内采购零部件，但我国一些零部件企业仅仅满足于内部配套，没有进入全球采购体系的准备。

4. 发展面临较大挑战

跨国汽车巨头在我国建立了许多整车合资企业，不同国家的整车企业都带进了自成体系的零部件配套商，给我国本土零部件企业的发展带来了竞争压力。同时，由于原材料价格上涨、整车厂成本压力向零部件企业的转移，我国大多数汽车零部件企业面对来自内部和外部的双重压力，面临严峻挑战。

五、我国汽车配件行业的发展策略

我国《汽车产业发展政策》明确提出："鼓励和培育一批有比较优势的零部件企业，实现规模化生产并进入国际汽车零部件采购体系，积极参与国际竞争"。国内汽车零部件企业要想抓住机遇、应对挑战，在未来的国际汽车零部件采购体系中占有一席之地，必须正确选择自己的发展策略。

1. 竞争策略

我国汽车配件行业的竞争策略应该是扬长避短，形成区位比较优势，最有效的途径是实行行业联合，尽可能实现市场和效益最大化、成本最小化。

2. 技术策略

具有汽车零部件的关键开发能力和自主知识产权是汽车产业竞争力的主要体现之一。因此，要把在关键领域获得自主开发能力作为汽车零部件产业的主要战略目标。在逐渐拥有比较优势的产品上可采取技术领先策略，着重做好以下两方面的工作：

（1）打破行业壁垒

加强汽车零部件产业与电子信息技术、军工技术的合作，发展核心技术。

（2）强化跨界合作

加强汽车零部件企业与外企及科研机构的合作，提高技术能力。技术选择的重点是制造技术，而产品开发技术的重点则是模仿开发和二次自主开发技术。同时，产品开发应实施差异化发展战略，集中优势资源发展壮大具有高附加值、高技术含量的技术代表未来发展方向。

六、我国汽车配件销售的主要模式

世界各地汽车配件销售的模式各有特点。例如，美国的连锁经营模式，包括直营连锁、自愿连锁和特许经营；日本的三位一体模式，将整车销售、维修服务和备件供应紧密结合在一起；澳大利亚的"大卖场连锁商店"经营模式，采取专业经营、混合经营的模式。我国汽车配件的销售模式多样，呈现多元化的特点。具体模式包括汽配城、特约经销商和特约服务站、生产商建立的品牌经销店、路边销售商或维修店等。

1. 四位一体的 4S 店

4S 店集整车销售、维修保养服务、配件销售及信息反馈于一体，利用品牌影响力和原厂零配件为客户提供比较专业的售后服务，在很大程度上与整车厂的利益联系在一起，具有独特的行业优势。但是目前 4S 店模式也受到一些质疑。问题不是在于 4S 模式本身，而是在于不管什么品牌都搞 4S 店，导致经营成本的上涨，而客户的反映是 4S 店的维修和配件价格过高。

2. 特许经营

特许经营是特许和受许双方一种持续的合作关系，特许总部提供一种经许可的商业经营特权，并在组织、培训、商业计划、管理和分销上对受许方提供支持，而特许方则从加盟者处获得报酬的一种新型流通模式。发展特许连锁经营，对于推动现代化的生产、引导消费、降低生产成本和经营成本、提高流通组织化程度、建立有序竞争的流通秩序均具有重要的作用。在汽车配件全球采购、模块化供应已成趋势、国内原有的市场格局逐渐被打破和国内汽配市场竞争异常激烈的形势下，经营规模化可以直接带来产品价格、质量和行销的长期优势。为此，已经有相当多的汽车配件销售企业步入了特许经营的行列。

特许经营的好处在于：

（1）改善经营结构

特许连锁网络将分散的、较小的区域市场有机结合起来，形成了一个巨大而稳定的汽配消费市场。这一市场的需求通过连锁店、分销中心逐级汇总至总部，构成了巨大、稳定的采购额和价格优势。

（2）优化资源配置

汽车配件技术含量高，它的检验质量需要专业化的技术人才和先进的仪器设备才能得以保障。特许连锁经营模式的规模经营和资源合理配置可以实现这种保障。

（3）提高竞争能力

规模化的连锁网络能将各连锁店的有限资金集合起来，形成巨大的投资能力。由专业的市场策划人员负责营销策划，通过多种促销活动和激励机制提高加盟者的竞争力和经营利润。

（4）提升资源效益

特许经营覆盖了采购、运输、仓储、销售、配送、核算等各个环节，利用电脑信息系统和网络技术充分调动总部、分销中心、连锁店库存和仓储流动资金的大范围操控的物流体系。有利于连锁店合理制订计划、压缩库存、降低成本、合理配送，并针对本地市场安排库存、加快资金周转，保证产品质量和价格优势。

（5）凸显品牌形象

特许经营的本质特征是知识产权的转让及运作。汽配特许经营的知识产权主要包括企业文化、品牌、商标、商号、产品、服务、专有技术、加盟店运作管理体系等，汽配特许经营可以充分利用这种品牌优势，使无形资产在社会中取得量化的价值，实现无形资产的有形化。

（6）满足客户需求

随着汽配市场的日益成熟和消费水平的逐步提高，消费者开始追求汽配产品的个性化。特许经营可以以资源的规模化、管理的集约化、服务的多元化和技术的专业化等优势，处理好大众化消费和个性化消费的关系，满足客户市场个性化和多样化的需求。

（7）提升客户服务

市场竞争的不断升级，使良好的售后服务成为了汽配经营企业保持竞争力的关键之一。特许经营更加重视售后服务的培训与管理，规范经营网络的服务标准，形成面向市场的标准化服务。这种独有的售后服务管理体系，能够为客户提供标准化和专业化的优质服务。

3.独立经销商

独立经销商是指专门从事汽车配件销售的商家，这在整个配件市场上是大多数，占到整个配件市场的70%以上。独立经销商灵活、快捷、价格弹性较大，同样吸引着大批消费者。然而，近年来由于受到4S模式的挑战，独立经销商的经营难度有所增加。为了与此抗衡，一些独立经销商选择了连锁经营模式，这种趋势促使汽配独立经销商寻找合作共赢的渠道，推动着重量级的连锁经营企业的诞生。

4.汽车配件市场

汽车配件市场是我国汽车配件销售一种普遍的业态，在全国各地很多地区都有规模不一的汽车配件市场。汽配市场具有经营内容统一、市场功能齐全、商家较多，互补能力强，市场规模巨大、市场管理规范等特点。调查表明，有近一半的车主在保修期后可能放弃4S店，而车型级别越低的车主对于4S店的忠诚度越低。他们更多地选择在汽配城解决自己的售后服务问题，这使得汽车配件市场获得更大的发展空间，同时也推动着汽配城经营模式的升级。然而，如要保持汽配市场的旺盛生命力，我国汽车配件专业市场还有很多方面需要进行改善，特别是在市场管理上有待进一步规范。

5.生产商建立的品牌经销店

一些生产商为了扩大自己的销售，除了比较固定地向整车生产厂家和零配件经销商提供产品以外，有些零配件生产商或在汽配市场，或单独设立店面，建立自己的品牌经销店。生产商设立自营经销店，有利于了解市场动态，近距离地接触消费者，便于及时调整销售策略和服务。

6.再制造汽车零部件销售

通过先进的清洗、修复和表面处理等技术对废旧汽车零部件再制造，是汽车行业发展循环经济的重要途径。经过高技术处理的再处理零部件，可以达到与新产品相同的性能，然而它只是新品成本的50%，还可节能60%、节材70%。目前，我国已经有一批汽车零部件再制造企业，已经或正在创造各种必要条件对废旧汽车零部件进行再制造。汽车配件销售市场供应的产品将会更加丰富。专门从事销售再制造汽车零部件的配件经销商也一定会应运而生。

7.汽车配件网上交易

现在已经有相当一部分汽配经销商在开展店铺销售的同时，高度关注利用电子平台与客户开展网上沟通。此类经销商的业务人员具有丰富的网络知识，他们在网上展示自己的企业、产品与服务，向顾客传授各种汽车及网上交易知识，让顾客了解自己的企业、了解价格、确立购买意向，然后按照约定将配件送货上门。

8.路边销售商或维修店

路边销售商或维修店是我国目前零配件销售市场中实际存在的一种模式，它的存在有其客观合理性。由于其经营灵活，更靠近消费者，供应的配件价格相对较低，消费者在一些特殊情况下也比较方便，因此也能吸引一定数量的消费者。但路边销售商或维修店最大的问题是专业性不够，队伍素质不高，产品质量难以保证。

第二节 汽车用品服务

汽车用品是汽车使用过程中必不可少的一部分，起源于欧美发达国家。随着我国经济社会的快速发展，人们收入的逐步提高，消费观念也在发生深刻变化，私家车迅猛增长，汽车用品市场也随之不断增长，占据着汽车附属产业的重要位置。消费者对产品个性化、时尚化、高端化、多功能的要求逐步提高。功能多、材料好、设计时尚美观，并且富有文化内涵的车饰品，越来越受到消费者的欢迎。

一、汽车用品与分类

1.汽车用品

汽车用品是指汽车维护、装饰、保养所需要的产品，属于汽车配件的范畴，作为汽车的附属用品。

2.汽车用品的分类

汽车后市场所包括的体系至少是汽车制造业的近七倍。我国汽车用品市场可归纳为汽车装饰用品、养护用品、改装用品、安防用品、影音用品、汽车精品、车内环保用品等11个大类近四百项具体的服务。

（1）汽车装饰用品

汽车装饰用品包括汽车地毯（脚垫）、座垫、靠垫、靠枕、座套、转向盘套、窗帘、车身彩条、贴纸、牌照架等（图8-1）。

汽车转向盘套   汽车牌照框   车身彩条

 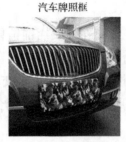 

图 8-1   部分汽车装饰用品

（2）汽车养护用品

汽车养护用品包括车蜡、车釉、漆面保护膜、防冻液、制动液、冷却液、海绵、擦布麂皮、工具箱、拖车绳、洗车水管、车衣、备胎罩、空气清新剂、润滑剂、防锈剂、清洁剂、抗磨剂、改进剂、添加剂、粘合剂、喷漆、增效剂、防腐剂、玻璃防雾剂、玻璃修补剂等（图 8-2）。

拖车绳   洗车水管   车衣

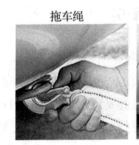  

图 8-2   部分汽车养护用品

（3）汽车改装用品

汽车改装用品包括 HID 汽车前照灯、大包围、定风翼、行李架、浪板晴雨挡、扶手箱、隔音材料、电镀眉、脚踏板、天线、风标等（图 8-3）。

大包围   定风翼   行李架

图 8-3   部分汽车改装用品

（4）汽车安防用品

汽车安防用品包括防盗器、中控锁、排档锁、转向盘锁、车轮锁、车载 GPS、倒车雷达、后视系统、摄像头、行驶记录仪、TPMS 胎压监测系统、雷达测速仪等（图 8-4）。

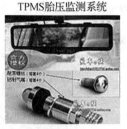
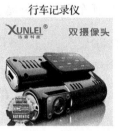

雷达测速仪　　　　TPMS胎压监测系统　　　　行车记录仪

图8-4 部分汽车安防用品

（5）汽车影音用品

汽车影音用品包括汽车音响、车载电视、车载 DVD、车载 VCD、车载 CD、车载 MP3、车载卡带机、汽车低音炮、汽车功放、车载显示器、均衡器、汽车扬声器、接收器、GPS 汽车导航仪等（图8-5）。

车载电视　　　　车载导航仪　　　　汽车低音炮

图8-5 部分汽车影音用品

（6）汽车精品

汽车精品包括纸巾盒、驾驶人镜、隔热棉、钥匙扣、温度计、气压表、桃木饰件、插座、眼镜架、手机架，以及其他车用个性化产品等（图8-6）。

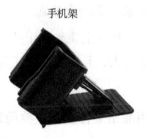

驾驶人镜　　　　隔热棉　　　　手机架
　　　　　　加厚加宽1m×1.4m

图8-6 部分汽车精品

（7）车内环保用品

车内环保用品包括车载氧吧、空气净化器、除臭剂、空气净化剂、祛味剂、光触媒、汽车香水、香熏器、熏香油等。

（8）汽车电器和通信用品

汽车电器用品包括车载冰箱、按摩器、吸尘器、电须刨、电源转换器、充气泵等。

汽车通信用品包括车载蓝牙免提、车载电脑、车载台、车载电话、车载对讲机等（图8-7）。

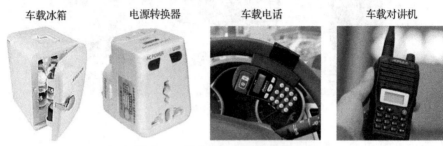

车载冰箱 　　电源转换器 　　　车载电话 　　　　车载对讲机

图8-7　部分汽车电器和通信用品

二、我国汽车用品市场分析

1. 汽车用品成为重要利润点

汽车后市场的利润点更多集中在汽车后市场服务中，汽车价格逐步降低，整车销售低利润的特点已经显现。汽车用品贯穿于新车销售、售后服务、零部件销售、二手车经营等各个环节，市场前景十分广阔，是汽车产业新的利润增长点。

2. 车辆私人化对汽车用品的需求增加

在乘用车销售中，私人用户逐年增长，已经成为乘用车消费的主要力量，家用汽车普及化程度越来越高，汽车改装、汽车音响、汽车精品装饰等服务市场应运而生。据统计，私人汽车车主一般要用车价5%以上的钱来购买各类汽车用品，包括车载通信设备、防盗窃装置、汽车视听产品、车用地毯、车内装饰品、各种座椅套、汽车简单维修工具等，需求量的增加及需求的档次的提升，有力地推动着汽车用品市场的发展。

3. 汽车用品主要利润来源

汽车用品的利润主要来源于两个方面：第一原料差价，第二加工费用。由于汽车用品的材料差价较大，且服务的加工需要具备一定的专业技术，加工费也高，因而利润率相对也高。

4. 汽车用品市场存在的主要问题

严格来讲，我国的汽车用品市场尚处在初级阶段，还存在着不少不规范的现象，这在一定程度上影响着汽车用品市场的发展。这些问题主要是：

（1）假冒伪劣产品影响声誉

汽车用品市场的延伸价值相对较低，目前缺乏统一的管理规范。但是汽车工业的迅猛发展又给人们提供了一种行业淘金的希望。越来越多的投资者在缺乏规范引导的情况下纷纷加入了汽车用品业生产销售的大军，竞争不断加剧。一些仿制品、假冒伪劣品乘虚而入，蒙蔽了不少消费者，也损害了用品供应商的声誉。

（2）汽车用品销售渠道不畅

对于批发环节而言，由于竞争及对批发商铺货量的加大，生产商会对批发商要求越来越高的产品销售量，迫使批发商低利润运行，结果使不少汽车用品经销商举步维艰，有些干脆选择了非品牌产品。批发环节的不畅限制了汽车用品行业的发展。

（3）销售市场混乱缺乏规范

由于缺乏规范制约，目前汽车用品终端销售市场不够规范，管理不到位，不利于消费者选择。但应当相信，随着市场经济体制的健全和完善，汽车用品市场一定会朝着良性发展方向前进。

三、汽车用品市场的未来趋势

1. 汽车用品成为重要支柱

汽车用品市场的主要顾客是个人用户。个人用户在购买新车后在专卖店里购买的主要用品有车用CD、安全系统、车蜡、泡沫剂、芳香剂。汽车发烧友更倾向于花钱使车辆更加豪华。在我国，高级轿车就是身份的象征，因此车主会不惜代价地购买与高级轿车相配的内外装饰用品。

在国外发达国家，汽车售后服务市场的销售额已经是汽车销售额的数10倍以上。市场调查表明：目前我国60%以上的私人高档汽车车主有给汽车做外部美容养护的习惯，30%以上的私人低档车车主也开始形成了给汽车做美容养护的观念，30%以上的公用高档汽车也定时进行外部美容养护。汽车用品服务行业前景非常广阔。

2. 整体行业水平快速提升

国外汽车用品行业早已发展成熟，他们拥有了先进的管理经验、成熟的市场运作模式、高端的技术水平，但缺乏对我国市场的认识与了解。国外公司与我国优秀汽车用品企业的合作将使我国市场得到提升，推动我国汽车用品行业发展与技术水平的提高。

3. 企业重组态势明显

汽车用品的趋势就是国际化和连锁化。在竞争如此激烈的行业中，我国现有的很多用品小企业无以抗衡，退出和消亡将是一个必然。为了改变这种状况，小企业必须走行业合作的道路，实现1+1>2的目标，资源重组将会增强企业的实力，这在股市上是屡见不鲜的一种有效的方法。

4. 大企业发展速度加快

目前我国已经出现了一些大的汽车用品城和连锁超市，但还在起步阶段。它们是洋品牌的直接对抗者，在还不成熟下进行作战，抢速度就是占领市场先机，大企业将加快运作，近几年还会出现本土大的汽车用品城和汽车用品连锁店。

四、汽车用品市场营销

1. 端正战略定位

强调企业外部反应，强调企业对市场资源的整合能力的战略；适应新经济的趋势，将管理重点转移到外部资源整合和客户的管理；重视企业组织和社会环境的"界面管理"和"边缘竞争"。整合和充分运用自然资源、社会资源、客户资源和用品行业内的存量资源。

2. 强调价值创新

强调集合汽车用品市场的最佳元素，减少其他不利于消费者价值实现且增加自身成本的元素，做出自己的特色，做到既有差异性又强调低成本。

3. 优化产品策略

强调汽车用品的品牌化策略，有益于优化汽车用品品牌；强调汽车用品的相融性策略，有益于彰显相关车型的汽车文化；推行汽车用品的特供化策略，有益于保证产品质量；推行汽车用品差异化策略，有益于提高客户情趣；推行汽车用品标签化策略，有益于传递企业的品牌服务；强调汽车用品的全而精策略，有益于保证客户选择；强调汽车用品的商品化策略，不要随意赠送，有益于保证销售利润；推行汽车用品的平价化策略，有益于提升企业的竞争能力。

4. 用心打造"爆品"

在互联网时代，要想获得成功，必须要做出自己的"爆品"，有引爆市场的产品和策略。所谓"爆品"战略，就是找准用户的需求点，直接切入，做出足够好的产品，集中所有的精力和资源，在某一款产品上做出突破，即单点突破。打造"爆品"的原则是一切以用户为中心，以"爆品"为王，以用户为王，以口碑为王。

5. 优化用品营销策略

（1）打造一个极致的单品

把一款产品、一个卖点做到极致，就能引爆市场。打造汽车用品的鲜明特征，在材质、技术、色彩等各个方面与汽车产品特征相融。

（2）在产品应用上做足文章

传统工业时代强调的是最优的价格，互联网时代强调的则是最优级应用，即找到用户的应用点，而不是聚焦于功能点。

（3）高度重视口碑效应

互联网时代的产品必须依靠用户的社交口碑，通过口碑效应，建立稳固的客户关系。

（4）为汽车用品精准定位

不少销售人员和客户有时也将汽车用品称为精品。这就要求汽车用品的定位要"精"，做到创意精、材料精、工艺精、结构精。只有这样，客户才会喜欢。

（5）为汽车用品的品格定位

汽车用品要有"品"，必须做到品质优、品位高、等级高、品味正。

（6）汽车用品的价格策略

汽车用品应一律有价销售，不要随意作为礼品赠送。汽车用品的价格策略选择渗透定价和目标成本定价的方法较好，即执行高端产品中价策略。

（7）提升用品作业的质量保证

用品作业的所有员工必须经过专业培训，具有岗位资格。用品作业必须严格按照作业流程进行。用品作业必须在规定的场所，运用专业设备进行作业。用品作业必须有严格的质量检验制度，用品作业必须实行作业责任制度，保证作业质量。

（8）提供优质的售后服务

除指定的低值消耗品以外，每件用品均设定质量保证时间；对贵重用品实施质量跟踪服务；在质量保证期内提供规定的产品升级服务；在质量保证期内不符合质量标准的产品可以按照规定获得免费修理或索赔；利用呼叫系统，同时接受客户关于用品问题的咨询与投诉。

（9）执行用品采购管理原则

确定用品目录和产品标准；公开招标、精选供应商；确定目标成本和报价，与确认供应商建立品牌合作关系；按照确定标准检验入库产品；建立厂商之间的质量控制制度和保修索赔制度。

（10）做好用品仓储管理

汽车用品仓储可以由汽车配件仓库兼任，接受配件仓库经理的统一管理；在汽车配件库内划出专区保管，单独编码、单独码放；汽车用品独立经销商或业务量大的汽车用品综合经销商，可以单独设立用品保管员；汽车用品实现独立建账；与汽车配件相同的汽车用品应列入配件目录，不要重复进货；用品仓储管理可以参照配件仓库的管理制度。

本章小结

　　本章重点学习了汽车配件与用品的基本概念、分类，以及它们在汽车后市场价值链中的重要地位，介绍了汽车配件与用品市场的现状与未来发展趋势，以及做好汽车配件与用品服务的基本策略。目的在于让学生看到汽车后市场服务的庞大社会需求及专业群，建立专业信心，认真学习专业知识，为未来的职业生涯做好充分准备。

综合实训与练习

一、问答题

1. 区分汽车配件、零部件的概念，并说出汽车配件的基本分类。

2. 详细阐述汽车用品的基本概念和分类。

3. 分别说明汽车配件市场和汽车用品市场的发展趋势。

4. 详细说明汽车用品营销的基本策略。

二、实训题

1. 按照汽车配件分类的要求，识别 100 个汽车配件。

2. 在校园中随意观察 3 辆汽车，看看它们分别使用了哪些汽车用品，列表进行分类。

第九章
汽车媒体服务

我国汽车工业不断发展，居民汽车消费水平日益高涨，人们对于汽车产业信息、车界动态、政策法规、汽车维修保养、交通道路状况给予极大的关注，催生了大批汽车媒体。我国汽车产业的迅速崛起，与汽车媒体的大力推广有着密不可分的关系。从最初构图精美、笔触深厚的杂志，到如今传播迅速、营销模式多元化的新媒体，用户的阅读方式完成了"从纸间到指尖"的转变，这是时代更迭的必然结果。

教学目的

通过本章学习熟悉汽车传统媒体和新媒体的分类和特点，熟悉电子商务和网络营销的联系与区别，提高正确判别、选择和应用各种汽车媒体的能力。

教学要求

通过课堂教学、网络搜索、实践体验相结合的方法，了解各类传统媒体和新媒体分类和特点，加深对各种媒体应用场景的认识，提高媒体应用能力。

第一节　汽车媒体的发展与类型

一、媒体与新媒体的定义

1.媒体的定义

媒体是传播信息的媒介，是人借助用来传递信息与获取信息的工具、渠道、载体、中介物或技术手段，也可以把媒体看作为实现信息从信息源传递到受信者的一切技术手段。媒体有两层含义：一是承载信息的物体，二是指储存、呈现、处理、传递信息的实体。传统的媒体形式有报纸、杂质、广播和电视，新媒体的出现使信息传递的方式发生了革命性变化，形成日益丰富的媒体世界（图9-1）。

图 9-1　我国社会化媒体格局分布

2. 新媒体的定义

新媒体是相对传统媒体的一个新概念，也被称为"第五媒体"。新媒体涵盖了所有数字化的媒体形式，它利用数字技术、网络技术、移动技术，通过互联网、无线通信网、有线网络等渠道以及电脑、手机、数字电视机等终端，向用户提供信息和娱乐的传播形态和媒体形态。

新传媒产业联盟秘书长王斌："新媒体是以数字信息技术为基础，以互动传播为特点、具有创新形态的媒体"。美国《连线》杂志对新媒体的定义："所有人对所有人的传播"。联合国教科文组织对新媒体下的定义："以数字技术为基础，以网络为载体进行信息传播的媒介"。

二、新媒体的特性

1. 迎合时间碎片化需求

由于工作与生活节奏的加快，人们的休闲时间呈现出碎片化倾向，新媒体正是迎合了这种需求。

2. 满足互动、娱乐与信息需要

以互联网为标志的第五代媒体在传播的诉求方面走向个性表达与交流阶段，对于网络和手机而言，消费者同时也是信息的生产者。

3. 目的性与选择主动性更强

面对丰富多彩的新媒体，人们在工具、内容、时间、空间上的选择更加自由，接触媒体的目的性更加主动，选择性更加自由。

4. 内容选择更具个性化

新媒体的优势在于传播与更新速度快，信息量大且内容丰富，可低成本全球传播，检索便捷，利用多媒体传播，具有超文本个性化与社群化的特性。

三、汽车报纸的类型与特点

1. 我国最早的汽车报纸

我国报纸上最早有关汽车的报道可见于 20 世纪初。早在 20 世纪 20 年代初期，《申报》在每周星期三的"本埠增刊"上开设了以"汽车新闻"为标题的专栏新闻。刚开始篇幅较少，并以商业短讯的形式出现，后来增设为"汽车周刊""汽车专刊"。1984 年，我国汽车工业总公司创办《中国汽车报》，结束了我国没有专业汽车报纸的历史。

2. 汽车报纸的分类

汽车报纸大致分为专业汽车报纸和传统报纸汽车专版、专刊两大类。

（1）专业汽车报纸

目前，在全国范围内发行的专业汽车报纸有《中国汽车报》《汽车周报》《车友报》和《汽车时尚报》等。专业汽车报纸主要为周报，受众定位为车主、爱车人士以及汽车业相关人员，功能定位为传播汽车行业信息，引导汽车消费，维护消费者权益，服务受众生活。

（2）传统报纸汽车专版、专刊

现在财经类报纸基本都设有汽车专版或者汽车专刊，综合类报纸也开设汽车专版或者汽车专刊。

3. 汽车报纸的特点

（1）阅读的主动性

即汽车报纸把许多信息同时呈现在读者眼前，增加了读者的认知主动性，读者可以自由选择阅读。此外读者还可以在必要时将所需要的内容记录下来。

（2）信息易保存、可信度高

报纸本身是一种读者的脑外记忆储存器，读者可以把有关信息部分剪下保存起来以备以后查阅；可信度高，报纸消息准确可靠，是报纸获得信誉的重要条件。

（3）认知度较高

报纸读者的广告阅读程度比较低，不过当读者愿意阅读时，他们对广告内容的了解就会比较全面、彻底。

（4）形式较简单

报纸从广告形式上看，不具动感，缺乏立体感和色泽感，因而相对呆板和局限，视觉冲击不足，吸引力日益下降。从报纸的受众看，由于发行量等问题，局限性较大；从观看习惯上看，受版面影响，被动收看率低，只能依靠主动阅读，效果相对较弱。

四、汽车杂志的分类与特点

1. 最早的汽车杂志

汽车杂志主要传播汽车知识、汽车技术，弘扬汽车文化，为汽车制造商、汽车销售商、汽车广告商、汽车专业人员、汽车消费者和广大汽车爱好者搭建了一座桥梁。我国第一本汽车杂志是 1955 年交通部创办的《汽车译丛》，但由于经济条件所限，《汽车译丛》的受众面很窄。1986 年，中国汽车工程学会创办了我国第一本面向大众的汽车杂志《汽车之友》，这本杂志主要是普及汽车知识，宣传汽车文化。《汽车之友》的出现填补了国内大众汽车杂志媒体的空白。

2. 汽车杂志的分类

按照汽车杂志的目标定位和受众定位的不同，可以大致将其划分为大众汽车杂志和汽车学术期刊。

（1）大众汽车杂志

大众汽车杂志强调内容的大众化和实用性，相比而言，受众数量大于汽车学术期刊，占据了汽车杂志发行量和广告的绝大部分份额。目前我国国内的大众汽车杂志大致有 40 余种（图 9-2）。

图 9-2   我国出版的部分汽车杂志

（2）汽车学术期刊

与大众汽车杂志不同，汽车学术期刊旨在探讨汽车理论，分析汽车行业发展状况，论述汽车工业宏观研究的理论，介绍汽车及相关行业的新技术、新发展、新趋势，其目标受众为汽车及相关行业的技术人员、科研人员以及相关企业的高层管理人员。

3. 汽车杂志的优势

（1）读者针对性强

大多数的杂志都是针对一定范围的读者，即每一种杂志都可能有其独特的读者群。

（2）阅读可重复性

杂志的内容丰富多彩，读者不仅要仔细阅读，而且常常会分多次阅读，甚至保存下来日后阅读。读者多次翻阅增加了他们与杂志广告接触的机会。

（3）视觉吸引力强

与报纸广告相比较，杂志广告能印上色彩精美的照片和图案，艺术表现较为多样，视觉诉求力强，容易引起读者的兴趣及情感联想。此外，杂志广告能将产品的外观形象比较直接地表现出来，让读者对产品有直观的了解，有利于刺激读者的购买欲。

（4）有限的灵活性

广告主在遇到市场情况变化时，需要变更广告内容很困难，一些时效性广告也无法使用杂志媒体，缺乏及时性。有些读者在杂志到手后很长时间都不去读它，所以，广告要作用到这些读者还需要一段时间。制作复杂，成本高。还有递送问题，除了少数杂志，大多数杂志不是在所有的书报摊上都出售。如何使杂志到达目标受众是客观存在的问题。

五、汽车广播的分类与特点

1. 我国汽车广播的历史

汽车广播指以交通广播为代表的广播媒体，上海人民广播电台在1991年开办交通广播，是我国第一家以服务大众交通、传播汽车信息为主的广播。1991—2000年，国内共建立了42家交通广播频道，几乎所有省会城市以及直辖市相继开办交通广播。截至目前，全国各省、自治区（西藏自治区除外）、直辖市都开办了交通广播。汽车广播的目标受众是交通的参与者，包括开车人和坐车人，也包括所有与交通活动有关的人群。

2. 汽车广播的分类

汽车广播可以按行政区域划分为国家级汽车广播、省级汽车广播、市级汽车广播和县级汽车广播。下面按照是否单纯的汽车广播进行分类如下：

（1）单纯的交通广播

这类广播以交通广播、交通频道命名。

（2）交通音乐广播

这类广播设有专门为驾驶人服务的版块节目，播放即时路况以及其他交通信息，也会安排大量时段播出音乐节目。

（3）交通文艺广播

这类广播除了播放交通信息，也会穿插一些文艺节目。

（4）交通经济广播

这类广播在播放交通信息的同时，也会安排专门的经济节目。

（5）其他类型广播

此外，全国广播媒体频率一览表中，还有交通娱乐广播、交通旅游广播、交通生活广播、交通体育广播、交通新闻广播、交通环保广播等。

3. 汽车广播的特点

（1）超越时空

广播具有超越时空的传播功能，因而逐渐在各种广告媒体中占有一席之地。

（2）方便性

广播媒体的方便性包含两层意思：其一是接收机器可随身携带，随时随地收听；其二是收听广播时可以伴随其他活动。

（3）感染力强

广播广告可以充分地运用语言艺术和音响效果，创造出适当的情感气氛，增加广告感染力，同时给人以娱乐享受，这一点是印刷媒体无法相比拟的。

（4）传播速度快

广播不需要复杂的编排制作与录像过程，因此它可以将新闻与广告很快传播出去，使接收者及时收到广告信息。

（5）一定的局限性

广播广告也存在一定的局限性，有声无形，没有视觉上的刺激，转瞬即逝，难以记忆、存查。收听广播广告时，听众的注意力会受到外界其他因素影响。

六、汽车电视的分类与特点

1. 汽车电视

汽车电视是指面向有车和爱车族，专门提供汽车类资讯的电视媒体。严格地讲，我国目前尚无完整意义上的汽车电视。这里说的汽车电视是指专门以汽车或汽车相关上下游资讯为主体内容的电视节目。据不完全统计，我国目前共有 120 余档汽车类电视节目，其中影响较大的有北京电视台的《我爱我车》、旅游卫视的《梅卿快车道》、东方卫视的《车世界》等。

2. 汽车电视的特点

（1）传播面广

很多广告主把电视看作是传播广告信息最有效的方法，因为它的到达面非常广，数以万计的观众定期看电视。电视不仅能达到很大比重的人口，而且还能到达印刷媒体不能有效到达的人群。

（2）刺激多变性

外界刺激捕捉人的注意力的另一种重要特点是刺激的变化，包括强度、色彩和物体的运动等。电视以其丰富的视听刺激变化显著地区别于其他媒体，它不需要观众的主观意志努力，也能有效地把观众的注意力吸引到电视屏幕上。

（3）表现充分性

在电视上物体和事件可以用生动的画面和语言来充分地描述，这是其他任何媒体无法媲美的。

（4）情景逼真性

人们赖以传递信息、表达思想情感的工具，一种是语言符号，另一种是非语言符号。而在各种媒体中，只有电视才能将某种情境、气氛表现得淋漓尽致。

（5）传播时间短暂

在电视节目中，一则电视广告多在几秒和几十秒之间，广告讯息稍纵即逝，观众稍不留意就会错过，而一旦错过，受传者就无从查找，这就大大地影响了对广告商品的认知、记忆效果。在费用方面，电视广告的制作和播放的成本非常高。电视广告的干扰因素非常多，对观众没有选择性。

第二节　汽车新媒体的类型与内容

一、电子商务与网络新媒体

1. 网络汽车媒体

网络汽车媒体是基于网络的汽车信息和有关汽车服务的传播平台。网络汽车媒体的主要功能是传播汽车资讯，提供相关服务，搭建互动平台。与其他汽车媒体相比，网络汽车媒体的信息来源更加多元化，信息表现形式更加多样化；信息容量更大，时效性更强；受众的参与程度更高，互动性更强。

2. 汽车品牌的电子商务平台

电子商务平台即是一个为企业或个人提供网上交易洽谈的平台。企业电子商务平台是建立在 Internet 网上进行商务活动的虚拟网络空间和保障商务顺利运营的管理环境；是协调、整合信息流、货物流、资金流有序、关联、高效流动的重要场所。企业、商家可充分利用电子商务平台提供的网络基础设施、支付平台、安全平台、管理平台等共享资源，有效地且低成本地开展自己的商业活动。

3. 电子商务平台的主要分类

（1）B2C 平台

B2C 是企业对消费者的电子商务，目前平台很多企业选择网上销售平台，包括天猫、京东、一号店等，其中有些 B2C 平台先后在这一平台上开始销售汽车。

（2）独立商城

独立商城就是凭借商城系统打造含有顶级域名的独立网店。开独立网店的好处有：顶级域名，自有品牌，企业形象，节约成本，自主管理，不受约束。

（3）C2C 平台

C2C 是直接为消费者个人之间提供的电子商务平台，在前几年很流行，如瓜子二手车称"没有中间商赚差价"，意思是只做中介，就属于此类。但瓜子二手车现在已经开始直接收车、销车，还是走到 B2C 的路上。

（4）CPS 平台

CPS 是以实际销售产品的提成来换算广告刊登金额的电子商务平台。CPS 模式成为主流推广模式的很大原因就是零风险，投广告很有可能花了大价钱而造成很低的转化率，竞价、直通车可能没有产生订单，但是 CPS 是产生了销售额才会有佣金，ROI 较高。这种形式在汽车行业用得不多。

（5）银行网上商城

许多银行最早开设网上商城的目的是为了使用信用卡的用户分期付款而设立。随着电子商务普及、用户需求增强、技术手段提升，银行网上商城也逐步成熟起来。银行网店为用户提供了全方位服务，包括积分换购、分期付款等，也覆盖支付、融资、担保等，最为显著的是给很多商家提供了展示、销售产品的平台和机会。

（6）第三方电子商务

B2T2B 模式是中小企业依赖第三方提供的公共平台来开展电子商务的平台。真正的电子商务应该是专业化、具有很强的服务功能、具有"公用性"和"公平性"的第三方服务平台。对信息流，资金流，物流三个核心流程能够很好地运转。平台的目标是为企业搭建一个高效的信息交流平台，创建一个良好的商业信用环境。

4. 电子商务与网络营销的关系

电子商务和网络营销既有区别又有联系：电子商务的核心是电子化交易，强调交易方式和交易全过程的各个环节；而网络营销注重以互联网为主要手段的营销活动，主要研究的是交易前的各种宣传推广以及交易后的售后及二次推广。

电子商务的重点是实现了电子化交易；而网络营销的重点在交易前的宣传和推广。电子商务可看作是网络营销的高级阶段，企业在开展电子商务前可开展不同层次的网络营销活动。

（1）网络营销是电子商务的基础

电子商务与网络营销是一对既相区别又有着千丝万缕联系的概念。国际商会于1997年在巴黎召开的世界电子商务大会上定义："电子商务是指实现整个贸易活动的电子化。交易各方以电子交易方式而不是通过当面交换或直接洽谈方式进行的任何形式的商务交易。"由以上的定义可以看出，达成交易是电子商务的根本标志，而实现交易的手段是电子方式。而网络营销的核心目标就在于营造良好的网上经营环境，使企业和其目标客户之间的信息交流渠道能通达顺畅起来，这是开展电子商务的基础。

（2）网络营销推进电子商务

网络营销是推进我国企业电子商务进程的最重要最直接的力量。网络营销是指以现代营销理论为基础，以互联网为主要平台（也包括企业内联网和企业外联网），为最大限度地满足客户需求，达到开拓市场、增加盈利的目标而进行的一系列经营活动过程。它主要的方法有企业网站推广、网络广告、网上调研、客户服务、网上促销等。网络营销不是单纯的网络技术，而是市场营销；网络营销并非孤立存在，而应当是企业整体营销战略中的必要的组成部分，网上营销和网下营销相互结合，形成一个相互促进互为补充的完整的营销体系。

5. 电子商务与网络营销的区别

（1）电子商务和网络营销的研究范围不同

电子商务的核心是电子化交易，强调交易方式和交易全过程的各个环节。电子商务分为交易前、交易中、交易后，而网络营销注重以互联网为主要手段的营销活动，主要研究的是交易前的各种宣传推广。

（2）电子商务和网络营销的关注点不同

电子商务的重点是实现了电子化交易；而网络营销的重点在交易前的宣传和推广。

（3）电子商务和网络营销在企业的应用阶段和层次不同

在某种意义上讲，电子商务可以看作是网络营销的高级阶段，企业在开展电子商务前可以开展不同层次的网络营销活动。

总体来看，电子商务和网络营销既有联系，也有不同，我们应该辩证看待网络营销和电子商务的关系。

二、汽车自媒体介绍

1. 自媒体介绍

自媒体又称"公民媒体"或"个人媒体"，是指私人化、平民化、普泛化、自主化的传播者，以现代化、电子化的手段，向不特定的大多数或者特定的单个人传递规范性及非规范性信息的新媒体的总称。自媒体平台包括博客、微博、微信、百度官方贴吧、论坛/BBS等网络社区。

2. 自媒体的特点

（1）平民化个性化

自媒体使每个人都有可能成为互联网上内容的使用者和创造者。人们自主地在自己的"媒体"上"想写就写""想说就说"，每个"草根"都可以利用互联网来表达自己想要表达的观点，传递自己生活的阴晴圆缺，构建自己的社交网络。

（2）低门槛易操作

互联网让"一切皆有可能"，使平民大众成立一个属于自己的"媒体"也成为可能。例如，在新浪博客、优酷播客等所有提供自媒体的网站上，用户只需要通过简单的注册申请，根据服务商提供的网络空间和可选的模板，就可以利用版面管理工具，在网络上发布文字、音乐、图片、视频等信息，创建属于自己的"媒体"。其进入门槛低，操作运作简单。

（3）交互强传播快

自媒体没有空间和时间的限制，得益于数字科技的发展，任何时间、任何地点，我们都可以经营自己的"媒体"，信息能够迅速地传播，时效性大大地增强。作品从制作到发表，其迅速、高效，是传统的电视、报纸媒介所无法企及的。自媒体能够迅速地将信息传播到受众中，受众也可以迅速地对信息传播的效果进行反馈。自媒体与受众的距离为零，其交互性的强大是任何传统媒介望尘莫及的。

3. 自媒体的表现形式

（1）微信微博平台

微信、微博作为自媒体，正在迅猛生长，一些涵盖各行各业的专业人员和个人正以他们独特的公众帐号发声，向所有对他们感兴趣的读者传播信息。

（2）科技博客

科技博客曾经作为众多博客类型中的一个分支，科技博客大多是由一些资深 IT 从业者凭兴趣撰写。他们有的脱胎于门户，有的是传统媒体人，所以更偏重评论和商业分析；有的脱胎于传统媒体，如创业家、21 世纪商业评论、极客公园、泸州的泸透社等，因为团队的局限，特色并不明确。

（3）自制视频

一个名为《宅闻联播》的搞笑视频在互联网上广为传播。不仅大学生喜欢，连很多上班族都加入了对其的关注和讨论。"自媒体"时代来临后，每个人的媒体权力扩张了，大学生把自己的生活——宿舍生活、逃课、食堂饭菜问题等经过夸张化、艺术化，拍摄成视频发布在网络上，说出了一个群体的共同语言，会得到很高的点击率，制作者也能从中得到精神乃至物质满足。

三、汽车媒体服务的应用

1. 商业广告

汽车广告的立足点是企业。做广告是企业向广大消费者宣传其产品用途、产品质量，展示企业形象的商业手段。在这种商业手段的运营中，企业和消费者都将受益。企业靠广告推销产品，消费者靠广告指导自己的购买行为。不论是传统媒介，还是网络传播，带给人们的广告信息都为人们提供了非常方便的购物指南。

2. 网络直播互动体验

网络直播是可以同一时间通过网络系统在不同的交流平台观看影片，是一种新兴的网络社交方式，网络直播平台也成为了一种崭新的社交媒体。网络直播吸取和延续了互联网的优势，利用视讯方式进行网上现场直播，可以将产品展示、相关会议、背景介绍、方案测评、网上调查、对话访谈、在线培训等内容现场发布到互联网上，利用互联网的直观、快速，表现形式好、内容丰富、交互性强、地域不受限制、受众可划分等特点，加强活动现场的推广效果。现场直播完成后，还可以随时为读者继续提供重播、点播，有效延长了直播的时间和空间，发挥直播内容的最大价值。

3. 短视频创意制作

创意视频，是指通过创意方法将广告植入到一段视频中，视频一般为原创拍摄或视频剪辑而成，可以通过互联网共享，快速传播和扩散，被快速复制传向数以万计、数以百万计的受众。

本章小结

本章介绍了汽车传统媒体和新媒体的分类和特点，电子商务和网络营销的联系与区别，目的在于提高学生正确判别、选择和应用各种汽车媒体的能力。

综合实训与练习

一、问答题

1. 简述主要传统汽车媒体的特点。

2. 简述主要新媒体的特点。

3. 简述电子商务与网络营销的联系与区别。

二、实训题

1. 登录"天猫"平台，描述网上购车的流程，并画出流程图。

2. 登录易车网，找出你认为做得较好的汽车推广案例，与同学分享。

第十章
汽车回收再生服务

汽车生产要使用数百种材料，消耗大量的钢铁、塑料、橡胶、玻璃、纺织品、铝、铜、铅、铬，以及各种化工产品，在这些资源中，绝大部分是可以利用的。报废汽车中含有多种重金属、化学液体、塑料等物质，不当拆解会造成环境污染。解决报废汽车材料的循环再生问题，是本世纪对汽车工业发展的战略要求。

目前，一些发达国家都已经制定了汽车回收利用的法规，要求汽车制造商承担回收自己制造的汽车的责任，汽车制造所用的材料要有 80% 以上可以再利用。中国的汽车保有量在迅速增加，每年的汽车报废量相当庞大，报废车的再生利用也就成为了十分紧迫的问题。

教学目的

通过本章学习使学生了解汽车报废、汽车回收拆解、汽车再制造的相关法规；了解汽车报废回收的基本流程、汽车拆解的基本过程；汽车再制造、再利用的重要意义及未来趋势。

教学要求

在本章学习中，建议使用教师主导、学生自学相结合的方法，指导学生通过互联网工具，搜索相关信息，了解我国汽车报废、回收、拆解、再利用、再制造的现状和未来趋势。采用先自学、讨论、再教师总结讲解的方法学习本章，通过学习使学生更好地理解未来的行业机会。

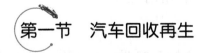

第一节　汽车回收再生

一、汽车回收再生概念

汽车回收与再生主要包括三个方面的内容：

1.回收利用

经过对废料的再加工处理，使之能够满足其原来的使用要求或者用于其他用途，包括使其产生能量的处理过程。

2.再使用

对报废车辆零部件进行的任何针对其设计目的的使用。

3.再利用

经过对废料的再加工处理，使之能够满足其原来的使用要求或者用于其他用途，不包括使其产生能量的处理过程。

二、国外汽车回收再生情况

世界发达国家对汽车报废回收再利用一般都比较重视，而且制定法规加以保证。下面仅举两例。

1.美国的汽车回收再利用

美国是目前全球最有效的废旧汽车回收国之一，几乎占每辆汽车重量 75% 的部件都已被重新利用起来。全美大约有 12000 家汽车零部件回收商，能够将有重新利用价值的发动机、电机和其他零件拆卸翻新，重新出售；至于金属车体，则由破碎机碾成金属碎片后再运往钢厂铸造新车体。

2.德国的汽车回收再利用

德国在废旧汽车回收方面亦取得了很大的成绩，可回收利用的汽车零件达到了 85%，对废旧汽车的发动机、蓄电池、玻璃、安全带、保险杆、门兜以及汽油、润滑剂、冷却剂等进行分门别类的处理。德国规定，如果没办理报废手续，随便把旧车丢在路边田野，将要受到高额罚款，甚至要坐牢。德国环境政策鼓励大众购买节能、低污染的新型汽车。

三、我国的汽车回收再利用情况

1.政府重视

我国的旧汽车报废更新工作始于 20 世纪 50 年代，80 年代初走上正规管理，90 年代获得快速发展。国家对旧汽车报废更新工作历来十分重视。1985 年制定了我国第一个汽车报废标准，并在不同阶段以五年计划形式规定了不同目标。

为了做好汽车报废更新与回收利用工作，促进报废汽车的回收利用，使之走向正规化、法制化的道路，国家在不同时期先后制定出台了《汽车报废标准》《拖拉机报废标准》《报废汽车回收管理办法》《报废汽车回收（拆解）企业资格认证暂行管理办法》《报废拖拉机回收管理办法》《关于加强旧机动车流通行业管理的意见》和《旧机动车交易管理办法》等一系列法规文件。为了配合这些法规的实施，还下发了许多文件，基本上解决了因法规不健全造成的管理混乱和竞争无序问题，理顺了管理渠道。2013 年 5 月 1 日起施行新的报废汽车回收管理办法。

2. 主要问题

据不完全统计，我国报废汽车回收拆解企业目前已经发展到 1000 多家，其中具有初步规模的约有 700 余家，拆解加工从业人员 5 万多人，年拆解报废汽车能力约 60 万辆。目前，我国废旧汽车回收利用存在的主要问题是：拆解能力严重闲置；回收拆解企业数量众多，但规模小，专用设备、工具缺少，机械化程度低，拆解效率不高；报废汽车回收渠道还有漏洞，有一定数量的报废汽车流入乡镇和个体户，使有些报废汽车、拼装汽车重新流到社会，给交通安全带来严重隐患。

3. 强化报废管理

商务部、发改委、公安部和环境保护部联合公布《机动车强制报废标准规定》（以下简称《规定》），已于 2013 年 5 月 1 日起施行。规定指出：国家将根据机动车使用和安全技术、排放检验状况等，对达到报废标准的机动车实施强制报废。小、微型私家车无使用年限限制（表 10-1）。

根据《规定》，已注册机动车应当强制报废的情况包括：达到规定使用年限；经修理和调整仍不符合机动车安全技术国家标准对在用车有关要求的；经修理和调整或者采用控制技术后，向大气排放污染物或者噪声仍不符合国家标准对在用车有关要求的；在检验有效期届满后，连续 3 个机动车检验周期内未取得机动车检验合格标志的。

《规定》还明确了各类机动车的报废的年限，其中小、微型出租客运汽车使用 8 年，中型出租客运汽车使用 10 年，大型出租客运汽车使用 12 年；公交客运汽车使用 13 年等。小、微型非营运载客汽车、大型非营运轿车、轮式专用机械车等无使用年限限制。但根据《规定》，国家会对达到一定行驶里程的机动车引导报废，其中小、微型非营运载客汽车的行驶"上限"为 60 万 km。

《规定》还明确了汽车达到报废规定后，其所有人应当将机动车交售给报废机动车回收拆解企业，由报废机动车回收拆解企业按规定进行登记、拆解、销毁等处理，并将报废机动车登记证书、号牌、行驶证交公安机关交通管理部门注销。

表 10-1　机动车报废年限一览表

车　型		报废年限	可否延缓报废		最高可延缓	强制报废年限	依　据
非营运客车	九座以下（含）	15	可	16~20 年每年检 2 次，21 年起每年检 4 次	不限	签注 2099 年 12 月 31 日	《关于调整汽车报费标准若干规定的通知》（国经贸资源 [2000] 1202 号）、公安部关于实施《关于调整汽车报废标准若干规定的通知》有关问题的通知（公交管 [2001] 2 号）
	九座以上	10	可	11~15 年每年检 2 次，16 年起每年检 4 次	10	20 年	
旅游客车		10	可	10 年起每年检 4 次	10	20 年	
营运（非出租）客车		10	可	10 年起每年检 4 次	5	15 年	汽车报废标准（1997 年修订）国经贸经 [1997] 456 号）、《关于调整轻载货汽车报废标准的通知》（国经贸经 [1998] 407 号）
轻货、大货		10	可	10 年起每年检 2 次	5	15 年	
微货、19 座以下出租车		8	否			8 年	
20 座以上出租车		8	可	8 年起每年检 4 次	4	12 年	
带拖挂货车、矿山作业车		8	可	8 年起每年检 2 次	4	12 年	汽车报废标准（1997 年修订）（国经贸经 [1997] 456 号）
吊车、消防车、钻探车等专用车		10	可	10 年起每年检 1 次	适当	签注 2099 年 12 月 31 日	
全挂车		10	可	10 年起每年检 2 次	5	15 年	《关于实施（汽车报废标准）有关事项的通知》（公交管 [1997] 261 号）
半挂车		10	可	10 年起每年检 2 次	5	15 年	
半挂牵引车		10	可	10 年起每年检 2 次	5	15 年	
三轮农用		6	可	6 年起每年检 2 次	3	9 年	农用运输车报废标准国经贸资源 [2001] 234 号
四轮农用		9	可	9 年起每年检 2 次	3	12 年	
正三轮摩托		7~9	可	9 年起每年检 2 次	3	10~12 年	摩托车报废标准暂行规定（经贸委、计委、公安部、环保总局联合发文第 33 号）
其他摩托		8~10	可	10 年起每年检 2 次	3	11~13 年	
其他汽车		10	可	10 年起每年检 2 次	5	15 年	汽车报废标准（1997 年修订）（国经贸 [1997] 456 号）

第二节　汽车回收拆解与再制造

一、三种回收模式

汽车保有量的大增，必然会带来回收方面的问题。做好废旧汽车的回收、拆解和循环再利用工作，对保护环境、节约能源和经济的可持续发展具有重要的意义。根据参与汽车回收主体不同，我国的汽车回收可分为三种模式，即生产商负责回收、生产商联合体负责回收和第三方负责回收。

1. 生产商负责回收

生产商负责回收是指汽车制造商为废旧汽车回收工作的主体，通过一定的回收渠道回收废旧汽车，在此基础上依靠自身的能力推动汽车再利用的后续环节，最大限度完成废旧汽车全部使用价值并获取一定经济效益和社会效益的过程，包括制造商直接回收和经销商回收制造商处理两种形式。

（1）生产商负责回收的优点

生产商负责回收的优点：可以更好地掌控资源，大幅降低原材料成本，可以获取较高利润；汽车制造商主动承担了废旧汽车的回收利用工作，有利于节约资源、保护环境，可以塑造良好的企业形象；有利于汽车生产商基于汽车的生命周期考虑如何提高回收再利用的技术水平问题。

（2）生产商负责回收的缺点

生产商负责回收的缺点：生产制造系统的规划控制会变得非常复杂；对企业的生产能力、物流技术、信息技术、人员素质、组织结构等方面提出了更高的要求，且需要汽车制造企业投入大量的人力、物力、财力，回收成本高；有些特殊产品无法解决；采用自营方式也容易使汽车生产商不能专注于自身核心业务，并且不能有效发挥专业化的优势。

2. 生产商联合体负责回收

生产商联合体负责回收模式是指生产同类汽车产品的制造商，成立一个联合责任组织，由该组织负责这些汽车制造商生产的同类产品的回收处置工作。

（1）生产商联合体负责回收的优点

生产商联合体负责回收的优点是：可以减轻单个汽车制造企业在建立回收系统上的投资压力，而且具有专业技术优势，容易实现规模经营；实现企业间合作共赢；市场风险、财务风险及技术风险可以由合作企业共担，可以分散和降低企业风险。

（2）生产商联合体负责回收的缺点

生产商联合体负责回收的缺点是：合作单位的选择、合作体的管理和成果的分享中可能存在许多矛盾和困难；汽车循环经济链条上的各个环节的协调配合优势没有生产商负责回收模式发挥的好，各个环节的交易成本较高。

3. 第三方负责回收

第三方负责回收模式，即生产商在销售产品后，自己并不直接参与对产品的回收工作，而是选择一个专门的回收企业负责回收工作。

（1）第三方负责回收的优点

第三方负责回收的优点是：企业运营风险小；管理成本较低；可以减少汽车生产商企业在回收再利用设施和人力资源方面的投资，将巨大的固定成本转变为可变成本，降低回收管理的成本；可以提供更高的服务质量，有利于提高企业的竞争实力。

（2）第三方负责回收的缺点

第三方负责回收的缺点是：不利于汽车全生命周期内各个环节的协调配合优势的发挥，容易忽视汽车回收业追求社会效益和环境效益目标的达成；交易费用过高；不利于汽车制造商对终端信息的把握。

二、汽车拆解流程

1. 检查、登记、注销

（1）检查

检查报废汽车发动机、散热器、变速器、差速器、油箱等总成部件的密封、破损情况。对于出现泄漏的总成部件，应采用适当的方式收集泄漏的液体或封住泄漏处，防止废液渗入地下。

（2）登记

对报废汽车进行登记注册并拍照，将其主要信息录入电脑数据库并在车身醒目位置贴上显示信息的标签。登记的主要信息包括：报废汽车车主（单位或个人）名称、证件号码、牌照号码、车型、品牌型号、车身颜色、重量、发动机号、车辆识别代号（或车架号）、出厂年份、接收或收购日期。

（3）注销

将报废汽车的机动车登记证书、号牌、行驶证交公安机关交通管理部门办理注销登记，并向报废汽车车主发放《报废汽车回收证明》及有关注销书面材料。

2. 拆解预处理

拆除蓄电池，拆除液化气罐；直接引爆安全气囊或者拆除安全气囊组件后引爆；在室内拆解预处理平台使用专用工具和容器排空和收集车内的废液；用专门设备回收汽车空调制冷剂。

3. 报废汽车存储

报废汽车存储应避免侧放、倒放。如需要叠放，应使上下车辆的重心尽量重合，以防掉落，且叠放时外侧高度不超过3m，内侧高度不超过4.5m；对大型车辆应单层平置。如果为框架结构，要考虑其承重安全性，做到结构合理，可靠性好，并且能够合理装卸，而对存储高度没有限制。报废汽车应与其他废弃物分开存储。接收或收购报废汽车后，应在3个月之内将其拆解完毕。

4. 拆解

报废汽车预处理完毕之后，应完成以下拆解：拆下油箱；拆除机油滤清器；拆除玻璃；拆除包含有毒物质的部件（含有铅、汞、镉及六价铬的部件）；拆除催化转化器及消声器、转向锁总成、停车装置、倒车雷达及电子控制模块；拆除车轮并拆下轮胎；拆除能有效回收的含金属铜、铝、镁的部件；拆除能有效回收的大型塑料件（保险杠、仪表板、液体容器等）；拆除橡胶制品部件；拆解有关总成和其他零部件，并符合相关法规要求。报废的大型客、货车及其他营运车辆，应当按照国家有关规定在公安机关交通管理部门的监督下拆解。

拆解的一般技术要求：

（1）使用专用工具

拆解报废汽车零部件时，应当使用合适的专用工具，尽可能保证零部件可再利用性以及材料可回收利用性。

（2）参考拆解手册

应按照汽车生产企业所提供的拆解信息或拆解手册进行合理拆解，没有拆解手册的，参照同类其他车辆的规定拆解。

（3）抽空各类油液

存留在报废汽车中的各种废液应抽空并分类回收，各种废液的排空率应不低于90%。

（4）制冷剂回收

不同类型的制冷剂应分别回收。

（5）拆除和隔离

各种零部件和材料都应以恰当的方式拆除和隔离。拆解时应避免损伤或污染再利用零件和可回收材料。

（6）销毁和利用

按国家法律、法规规定应解体销毁的总成，拆解后应作为废金属材料利用。

（7）可利用件处理

可再利用的零部件存入仓库前应做清洗和防锈处理。

5. 存储和管理

应使用各种专用密闭容器存储废液，防止废液挥发，并交给合法的废液回收处理企业。拆下的可再利用零部件应在室内存储。对存储的各种零部件、材料、废弃物的容器进行标识，避免混合、混放。对拆解后的所有的零部件、材料、废弃物进行分类存储和标识，含有害物质的部件应标明有害物质的种类。容器和装置要防漏和防止洒溅，未引爆安全气囊的存储装置应防爆，并对其进行日常性检查。拆解后废弃物的存储应严格按照 GB 18599—2020 和 GB 18597—2001 要求执行。各种废弃物的存储时间一般不超过一年。固体废弃物应交给符合国家相关标准的废物处理单位处理，不得焚烧、丢弃。危险废物应交由具有相应资质的单位进行处理处置。

三、报废汽车资源化再制造

1. 再制造的意义

和生产新品相比，汽车零部件再制造可以节约成本 50%、节能 60%、节约原材料 70%，是发展循环经济和促进我国汽车产业可持续发展的重要途径，因此，我国政府高度重视汽车零部件再制造产业发展。

2. 再制造的试点与实践

早在 2005 年，国务院在《关于加快发展循环经济的若干意见》中就明确提出支持发展再制造，国家第一批循环经济试点将再制造作为重点领域。2008 年，国家发改委发布了《关于组织开展汽车零部件再制造试点工作的通知》（发改办环资 [2008]523 号），计划通过 2~3 年的试点，探索推进汽车零部件再制造产业发展的政策、管理制度和监管体系，开展国内旧汽车零部件交易和再制造产品销售等方面的相关经验及应对措施研究，为相关管理政策和法规的调整提供依据，为建立再制造相关技术标准、市场准入条件、流通监管体系等积累经验。

在一系列政策的推动下，我国汽车零部件再制造试点取得了初步成效，汽车零部件再制造行业产值逐年提升并已初步形成汽车发动机、变速器、转向器、发电机的再制造能力。在探索旧件回收、再制造生产、再制造产品流通体系及监管措施等方面也取得积极进展，再制造基础理论和关键技术研发取得重要突破，诸如开发应用的自动化纳米颗粒复合电刷镀等再制造技术达到国际先进水平。

3. 建立国家标准

国家质量监督检验检疫总局、国家标准化管理委员会于 2012 年、2017 年及 2021 年发布了交流发电机、起动机、转向器、水泵、机油泵、点燃式、压燃式发动机、自动变速器等 7 项汽车零部件再制造产品技术规范，拆解、分类、清洗、出厂验收、装配等 5 项汽车零部件再制造工艺技术规范，以及汽车零部件再制造产品标识规范。工业和信息化部在 2016 年发布了发电机、飞轮、连杆、零部件表面修复、喷油泵、喷油器、气缸套、气门、曲轴、压气机、增压器、起动机等 6 项再制造内燃机工艺规范的机械行业标准；工业和信息化部在 2017 年发布了气缸体总成、气缸盖、连杆、曲轴等 4 项汽车零部件再制造产品技术规范的汽车行业标准。这些标准的制定和出台，将有益于改变我国报废汽车再制造无标准可遵循的不利局面，促进报废汽车资源化行业迅速发展。

4. 问题与政策

（1）基本问题

我国在再制造领域尽管取得了一些成绩，但问题也客观存在，主要表现在：再制造作为新的理念还没有被消费者及社会广泛认同；再制造旧件来源及再制造产品销售渠道还不够畅通，行业发展尚处于起步阶段，与发达国家有着较大差距。

（2）政策支持

为了进一步深化我国汽车零部件等再制造试点工作，国家制定和发布了一系列关于推进再制造产业发展的相关政策，明确提出以推进汽车发动机、变速器、发电机等零部件再制造为重点，将试点范围扩大到传动轴、压缩机、机油泵、水泵等部件；国家相关主管部门修订报废汽车回收管理办法，适当取消对报废汽车"5 大总成"强制回炉的限制；根据再制造产品原料自身的安全环保风险及国内实际需要，建立鼓励、限制、禁止进口的分类管理制度，制定再制造旧件和再制造产品的进出口管理目录及管理办法；解决再制造企业原料来源和产品销售问题。国家一系列最新政策的出台和实施，将为报废汽车再制造安装新的强力引擎，全面推动我国报废汽车资源化行业健康发展。

本章小结

本章介绍了我国汽车报废、回收、拆解、再利用、再制造的一般概念、现状和未来趋势，目的在于使学生看到汽车产业服务市场的众多需要深化发展的课题，通过学习更好地理解行业机会。

综合实训与练习

一、问答题

1. 简述汽车强制报废的基本条件。

2. 简述三种汽车回收模式的优点和缺点。

3. 简述汽车拆解的基本过程。

4. 讲讲汽车再制造的意义。

二、实训题

在网络上搜索各国报废汽车再利用、再制造的情况，以及我国关于再制造的相关法规，就再制造的未来趋势进行课堂交流。

第十一章
汽车文化服务

汽车是一个由上万个零件组合而成的高科技产品，汽车文化是人类在社会历史实践过程中所创造的精神财富和物质财富。人们在设计、制造、销售、购买、使用、服务汽车的实践活动中，形成了由各类跨界学科、相关法规、价值观念、行为方式和消费习俗等元素构成的汽车文化。汽车文化以汽车产品为载体并与之结合，影响着人们的思想观点和行为。世界著名汽车品牌和传奇人物对推动汽车文化的发展起着直接作用。汽车是一道流动的、靓丽的风景线，带给人们多姿多彩的汽车文化生活，汽车文化也将以其丰富的内容和独有的魅力不断地影响着人们的生活。

教学目的

通过本章学习使学生理解汽车文化的魅力，以及汽车展会、汽车赛事、汽车俱乐部等汽车文化产业的丰富内涵。

教学要求

本章内容建议在老师的指导下，通过学生在网络上的碎片化学习和教材自学，目的在于提高学生对于汽车文化丰富内涵的兴趣，提高学生学习汽车专业的积极性。

第一节　汽车展会服务

汽车展览是由相关政府机构、专业协会或主流媒体等组织，在专业展馆或会展中心进行的汽车产品展示展销会或汽车行业经贸交易会、博览会等。车展是一种对汽车工艺呈现与汽车产品信息传递的方式。消费者可以通过汽车展览会展示的汽车或汽车相关产品，深入了解汽车制造工业的发展动向与时代脉动。汽车厂商则可以通过汽车展览对外宣传自己的产品和设计理念，发布产品信息，了解世界汽车发展方向。

一、世界著名汽车展会

目前已经由"世界汽车工业国际协会"认定及国际社会普遍所公认的车展共有五大车展，分别是德国的法兰克福车展、法国的巴黎车展、瑞士的日内瓦车展、美国的北美（底特律）车展和日本的东京车展。

1. 法兰克福车展

法兰克福车展，创办于 1897 年，1951 年移至法兰克福举办，其前身是柏林车展，是全球规模最大的车展，有"汽车奥运会"之称。目前法兰克福车展每两年举办一届，一般安排在 9 月中旬开展，为期两周左右，展出的内容主要有轿车、跑车、商务车、特种车、改装车及汽车零部件等。

（1）法兰克福车展的特点

法兰克福车展的地域色彩很强，来看车展的欧洲观众数量庞大，而且消费心理非常成熟，汽车知识也了解得很全面。车展上，各种品牌新车很多，参观者关注的重点是汽车的科技含量、汽车零部件质量、维修服务问题、售后市场可供产品，理性实用的成分居多。法兰克福车展还富有"专业精神"，入选"最高创新奖"的产品往往是汽车零部件。法兰克福的展商们节省设备和市场费用、运输时间和展览费用，把更多的费用用在展示方式上，因而运用的高科技手段比较多，包括使用大型互动媒体演示、模拟驾驶、亲身体验等。

（2）法兰克福车展的发展历史

1897 年德国在柏林的布里斯托旅馆举办了第一届车展，当时的参展车辆仅有 8 辆。后来几乎每年举行一次，逐渐打响品牌，1905—1907 年的 3 年间，更是一年举办了两次。以后，由于第一次世界大战爆发被迫停办，直到 1921 年才恢复举行，此届车展共计 67 家汽车制造厂、100 多辆汽车参展，展出规模空前绝后。1939 年 9 月二战爆发，法兰克福车展又被迫中断，直到 1950 年才恢复。1951 年 4 月位于法兰克福的会展吸引了约 57 万人。1961 年第 40 届的法兰克福车展创下了历史新高纪录，有 95 万人参观展览。2011 年第 64 届法兰克福车展受到环保意识抬头及石油危机影响，电动车成为该届之亮点。

2. 巴黎车展

巴黎车展，是自 1889 年开始在法国巴黎举行的国际车展，也是世界上最早开办的车展。目前每两年举行一届，地点在巴黎西南的凡尔赛门展览中心，时间通常定在 9 月底至 10 月初。

（1）巴黎车展的特点

巴黎车展的风格别具一格，每届的展会都会云集各种新奇车型，特别是各式各样概念车参展。巴黎车展也是开放的车展，只要是欧洲接受的车型，无论制造厂商规模大小如何，巴黎车展都很欢迎，对所有参展商一视同仁，提供相同的服务，给国外参展商提供充分的展览空间。

（2）巴黎车展的发展历史

1898 年，法国第一次巴黎车展是在汽车俱乐部的倡议下，在巴黎杜乐丽花园举行的，有 14 万名观众前来参观。1901 年，巴黎车展将大本营搬到了更加宽敞的巴黎大宫。1909 年的车展，由于与摩托车展日期重合，既制造摩托车又制造汽车的厂商左右为难，引发这些厂商和展会主办方的矛盾，最终导致了车展的取消。1910 年，经过新成立的委员会的调节，展会继续举办。在新委员会的努力下，车展的规模渐渐扩大，直到第一次世界大战爆发。1919 年 10 月，第一次世界大战停战后的首次巴黎车展成功举行，雪铁龙提供了 50 辆汽车，北美的主要汽车厂商也远道而来，携大量新车亮相车展，当年参展的展商数量达到了 664 家，规模非常可观。1930 年后世界经济陷入大萧条，巴黎车展的规模也开始锐减，第二次世界大战的到来则直接导致了展会的停办。1946 年，巴黎车展作为二战后欧洲的首个车展正式回归，让那些战时失去了汽车的法国人倍感振奋，10 天的展览吸引了 81 万人次前来参观。以后，巴黎车展规模迅速壮大，观展人数纪录一再被刷新，汽车产品的创意也层出不穷。1952 年，二手车展览移师 Maillot 展览中心。同年，巴黎大宫的地下室还举办了首届大篷车、休闲居旅车型的展会，各种细分市场车型开始活跃起来。1962 年开始，整个巴黎车展移师凡尔赛门展览中心。1976 年起，巴黎车展为适应大部分汽车制造商的要求，将周期延长为每两年一届，与德国的法兰克福车展交替举办。

3. 日内瓦车展

日内瓦车展创办于 1924 年，每年 3 月在瑞士日内瓦举行。日内瓦车展也是全球重要的车展之一，有着"国际汽车潮流风向标"的美誉。展览地点是位于日内瓦国际机场旁的日内瓦展览会议中心。

（1）日内瓦车展的特点

瑞士没有自己的汽车制造公司，但却是一个庞大的汽车消费市场，每年在此举办的日内瓦车展也是世界著名汽车生产厂家的必争之地，许多首次面世的新车都会选择日内瓦作为其亮相的舞台。除了最新、最前沿的产品外，日内瓦车展上还可以见到许多高档豪华品牌的身影，吸引着世界各国的观众前往参观。

（2）日内瓦车展的发展历史

1905 年，民间汽车组织"瑞士汽车俱乐部（ACS）"决定于 1905 年 4 月 29 日举行一个大型的汽车展会。经历了几番周折，这次最终在日内瓦 Georges Favon 大道一个用于大选的投票站举行。虽然场地仅有 1200m²，也只设了 37 个展位，但出人意料的是，7 天的展期里参观的市民竟然超过了 17500 人。第一次车展的成功举办，让车展组委会看到了瑞士人民对汽车的好奇与热情，因此，在 1906 年第二届日内瓦汽车展如约举办。和世界其他车展遇到的情况一样，由于第一次世界大战的影响，日内瓦车展也被迫停办。直到战争结束后的 1923 年，日内瓦车展恢复举办，这次车展吸引了迈巴赫、劳斯莱斯等国际知名厂商参展，创下了 30000 名参观者的新纪录。1924 年，瑞士汽车协会重新组建的车展组委会决定以后每年在日内瓦举办一次车展。由于展会规模的不断扩大，日内瓦车展组委无奈地从 1929 年起将车展分成两次举行，每年 3 月进行汽车展示，4 月末 5 月初进行摩托车及飞机的展出。1929—1933 年的世界经济大衰退让各大汽车厂商失去了推新产品的动力，而后爆发的第二次世界大战，更使日内瓦车展停办了 7 年。二战结束后，欧洲各国大力发展汽车工业，当时欧洲内部关税壁垒逐渐消除，使得欧洲汽车市场空前繁荣。目前，日内瓦车展已经稳居世界五大车展之列。

4. 北美车展

北美车展是每年 1 月在美国的汽车之城底特律举办的国际车展，也是世界上最早的汽车展览之一。该展览创办于 1907 年，原先叫"底特律车展"，1989 年更名为"北美国际车展"。

（1）北美车展的特点

与欧洲的各大车展不同，北美车展一贯以车为主，以消费者的购车意愿为导向，将美国、加拿大等本土消费者作为核心目标。北美车展每次推出一系列的本地化、充满了美式风格的汽车产品，参与车展的各大厂商也会根据北美市场的需求，推出北美版本的产品。众多参观者被吸引到车展的原因，除了对汽车的兴趣外，还因为车展办得就像一个大型假日集会，吃喝玩乐样样都有，车展现场热闹非凡。

（2）北美车展的发展历史

1900 年 11 月，纽约美国汽车俱乐部召开了第一届世界汽车博览会，1907 年转迁到底特律汽车城，当时会场设在贝乐斯啤酒花园，小小的展示区中参加的厂商只有 17 家，车辆不过 33 辆。接着除了因第二次世界大战期间停办以外，其余时间基本每年都会举办一次。1957 年，底特律车展首次出现了沃尔沃、奔驰、保时捷等欧洲汽车的身影，获得了美国民众的重视，底特律车展的品牌正式打响。1961 年起，底特律车展移往寇博中心（Cobo Center）举办，因为该展馆具有 9.3 万 m^2 的面积，可容纳较多的展位。1989 年底特律车展更名为北美国际汽车展，每年 1 月举行，吸引着世界各地的汽车厂商参加。

5. 东京车展

东京车展是世界五大车展中历史最短的汽车展会，1954 年创办，逢单数年秋季举办，双数年为商用车展，展馆位于东京附近的千叶县幕张展览中心。

（1）东京车展的特点

东京车展一直以日本本土生产的各式小型车唱主角，也包括一些国际汽车厂商参会。而由于日本零部件产业的发达，零件馆是东京车展上备受关注的场馆，也是展会的一大特色。

（2）东京车展的发展历史

第一次东京车展于1954年在日本的日比谷公园举行，最初称为"全日本汽车展览"，展出了267辆汽车，其中轿车仅17辆。1964年起，车展名称改为"东京汽车展览"。1973年，国际能源危机爆发，主办单位决定取消1974年的展览，并决定东京车展改为每两年举办一次。1989年起，东京车展都在千叶县千叶市的幕张展览馆举行。

二、我国两大汽车展会

我国进入汽车社会以后，各地举办国际车展的热情十分高涨。除了北京、上海每两年轮番举办的国际车展外，成都、长春、郑州等地每年也都举办各类大大小小的车展。这些车展以上海和北京的车展规模最大，也更为著名（图11-1）。

图 11-1 北京、上海国际车展现场图片

1. 北京国际车展

两年一届、定期举办的北京国际汽车工业展览创办于1990年，一直延续到现在。随着中国汽车市场的迅速扩大，参展厂商逐届增加、参展展品档次越来越高、展出规模连年扩大，现已成为国内规模最大、在国际上有一定影响的世界性汽车专业展览会。北京国际汽车展定位于"每个专题，两年一届，定期举行，整车与零部件隔年交替"的模式。其中双年的命题不变，即举办以整车为主的综合性北京国际汽车工业展览会，单年举办以零部件及相关产品为主的北京国际汽车零部件及相关产品展览会。2018北京车展的主题是"创新·变革"，突出展现汽车互联网化、电动化、智能化的时代特征。

2. 上海国际车展

上海国际车展是唯一能与北京国际车展分庭抗礼的国内权威车展，两年举办一次，它是一个发展相对成熟的国际性展会，吸引着全球观众的眼光。从上海第三届国际车展开始，车展中的零部件展览成为颇有特色的一个亮点。现在不少活跃的中外合资的零部件企业就是当初在车展上相识的。1985 年，中国首届国际车展在上海举行，开创了中国车展的先河。2003 年上海车展首次移师上海新国际博览中心，正式步入国际 A 级车展的行列。2017 上海国际汽车展秉承"以人为本，不断创新"的服务理念，借助中国博览会会展综合体这一全新平台为展商和观众提供一系列更便捷的高科技服务与体验。本次车展不仅展出最新的汽车与科技，更将在展台布置、服务设施、展示手法上不断推陈出新，营造海派特色与西方元素兼容并蓄的展览氛围，使广大观众、众多媒体再次领略汽车这一不断精益求精、突破想象的产品带来的无穷魅力。

三、汽车展会的策划

汽车展会策划是汽车展会企业根据收集和掌握的信息，对会展项目的立项、方案实施、品牌树立和推广、会展相关活动的开展、会展营销及会展管理进行总体部署和具有前瞻性规划的活动。

汽车展会策划对汽车会展活动的全过程进行全方位的设计并找出最佳解决方案，以实现汽车企业开展会展活动的目标。展会策划服务项目：视听设备租赁，展示道具制作，展厅专卖装潢，舞台设计灯光表演，花草租赁，美工制作，拆装运输，大型仓储，大型活动安排，礼仪，司仪，各地巡演，舞台制作、租赁。

汽车展会策划的基本流程如下。

（1）成立策划工作小组

展会策划小组的构成与职责如下：

策划主管——负责协调、沟通整个小组各策划人员的工作，并全权负责策划方案的制定和修订。

策划人员——负责编拟会展项目计划。

文案撰写人员——负责撰写各类会展文案，包括会展常用文书、会展社交文书、会展推介文书、会展合同等。

美术设计人员——负责各种类型视觉形象设计，如广告设计、展示空间设计，此负责人要求能熟练运用 Photoshop、Imageready、Illustrator、Coreldraw 等软件。

市场调查人员——负责进行市场调查并编写市场调查报告。

媒体联络人员——进行媒体宣传推广。

（2）进行市场调查与分析

会展市场调查与分析是会展策划的基础。其针对的内容也十分广泛，主要包括产业环境、目标市场、政策法规、同类会展、自身资源等五个方面。

（3）制定会展项目的行动方案

制定一个统筹兼顾的方案是会展项目顺利开展的重要前提，选择合适的时间，合适的地点，并做到两者的合理搭配，是方案必须注意的内容。

会展策划方案具体化，应形成一个可供操作的具体措施。其间需明确以下内容：会展项目的目标、实现会展项目目标的环境、会展项目营销战略要素、会展相关活动的开展、会展策划方案的效果与评估、会展策划方案实施的附加条件。

设计行动日程表也是必不可少的一环。会展项目的行动日程必须精心设计，策划方案的制作、方案的实施不得延误，每个步骤的开始和结束都应有时间的规定和限制，以保证方案的实施能够顺利进行，否则就会严重影响会展的成功举办。

（4）制定预算方案

制定一份会展项目预算方案一般包括的内容有以下几个方面：场地费用，行政管理费用，宣传推广费用，招展招商费用，相关活动经费，其他费用等。

（5）会展项目收入来源

会展项目收入来源主要包括：会务费或展位费收入、门票收入、企业赞助收入、广告位租赁费用收入（宣传费用收入）、其他收入等。

（6）撰写项目策划方案

撰写会展项目策划方案就是将策划的最终成果整理成书面材料，即策划书，也称企划案，其主体内容包括现状或背景介绍、分析、目标、战略、战术或行动方案、效益预测、控制和应急措施，其内容可涵盖如可行性研究报告、项目意向书、项目建议书以及广告策划书、宣传手册等围绕某次展前、展中以及展后的所有策划文案。

（7）评估与修正

评估与修正的内容主要包括项目评估、阶段考评、最终考评和反馈改进等内容。

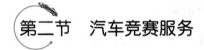

第二节　汽车竞赛服务

一、汽车竞赛介绍

1.汽车竞赛起源

1894 年，在法国举行了首次汽车比赛，共有 102 辆汽车参加比赛。比赛目的是为了检验汽车的性能，宣传汽车的安全性和可靠性。参赛的有内燃机汽车、蒸汽汽车、电动汽车和乙醇汽车。比赛结果，只有 9 辆汽车到达终点，蒸汽汽车获得第一名，时速为

24km/h。自从第一次汽车比赛开始以后，美国和欧洲一些国家每过几年就要举行一次汽车比赛。1904 年 6 月 10 日，法国、英国、德国、比利时等欧洲一些国家发起成立国际汽车联合会，总部设在法国巴黎，以推动汽车工业发展为宗旨，并负责全球汽车俱乐部和各种汽车协会的活动，下设世界汽车旅游理事会、世界汽车运动理事会，负责统筹安排世界各国的汽车运动，为所有不同种类的赛车运动制定规则，协调安排世界范围内各项汽车比赛。

2. 三类汽车竞赛

（1）公路赛

在由直线段、急转弯段、倾斜段、上下坡段路面构成的闭口环状的供运输用的道路上进行，路面平坦坚硬，一般总赛程 300~320km，每圈长不超过 20km。赛车场跑道赛，赛车场为汽车能以高速行驶的专门道路，一般呈长圆形，由两直线段和两个大直径的弯曲段组成，长 1.5~4km，宽 15~30m，弯道外圈比内圈高 9~12m，呈三次或四次抛物线形状。这种竞赛的赛程从 160km 到 800km，变化范围很广。

（2）山地赛

竞赛道路为山区多弯道的不封闭路径，经常有 180° 大转弯，一般起点在山脚下，不断向山上延伸，终点比起点高 100~1600m。因道路性质所限，竞赛平均速度不超过 100~130km/h。采用第一选手跑完全程后第二名选手才开始的个别比赛方法。

（3）创纪录赛

创纪录赛是指曾在某规定距离或时间内创造的最高速度竞赛。一般规定距离为 4000~100000km，时间有 1、6、12 及 24 小时，也有按英里计的规定距离。创造的纪录分等级纪录和世界纪录，前者表示某一国际等级的汽车在规定赛程或时间里所创造的最高车速；后者指不管什么等级的汽车在规定路程或时间内所创造的最高车速。

二、世界著名的汽车竞赛介绍

1. F1 世界一级方程式锦标赛

世界一级方程式锦标赛是大名鼎鼎的 F1 赛事，是由国际汽车运动联合会（FIA）举办的最高等级的年度系列场地赛车比赛，是当今世界最高水平的赛车比赛，与奥运会、世界杯足球赛并称为"世界三大体育盛事"。F1 赛车不能在普通道路上行驶，也不在汽车厂的流水线上生产，而是由各赛车公司或车厂的赛车运动部单独设计和制造的。

2. WRC 世界拉力锦标赛

世界拉力锦标赛是与 F1 齐名的另一个世界顶级汽车赛事。各队车手驾驶经过专业改装的量产车，转战全球各地，战胜包括沙石、冰雪、柏油、泥泽、雨地在内数千千米的种种恶劣地形,力拼 11 个月才能决出最终的王者,被誉为世界上最严苛的汽车拉力赛。由于比赛在野外进行,所带来的感官刺激,也是其他比赛远远不及的!赛段包括山区、丘陵、沙石路、泥泞路、冰雪路、沙漠、戈壁、草原等地段。

3. FIA GT 大奖赛

FIA GT 大奖赛是受国际汽联认可的"国际四大系列赛事"之一,更是全球超级跑车制造厂商们的兵家必争之地,开办几年以来一直受到世界广大赛车爱好者的关注。

4. DTM 德国房车大师赛

德国房车大师赛简称德国房车赛。在 DTM 赛事中云集了众多顶级赛车手。每年一共设有 10 个分站比赛,其中 6 站在德国境内举行,另设有荷兰、英国、西班牙、法国 4 个海外分站。既有来自英国房车赛(BTCC)的总冠军,勒芒 24 小时耐力赛的总冠军,又有前 F1 车手转到 DTM 参加比赛,还有 DTM 车手晋升一级方程式。

5. CTCC 中国房车锦标赛

中国房车锦标赛(China Touring Car Championship,简称 CTCC)是中国赛车运动第一品牌,国际汽联唯一支持国家级房车赛事,是被纳入国家体育总局年度比赛计划的 A 类体育赛事。

CTCC 一直致力于提升中国本土赛事品质,推广中国赛车文化,并在不同领域对中国赛车运动进行了革新。CTCC 旗下有韩寒、王睿、甄卓伟等明星车手,在赛场内外都是车迷和媒体眼中的焦点。

6. WTCC 世界房车锦标赛

WTCC 即世界房车锦标赛,是 FIA 国际汽联于 2005 年新推出的一项全球性汽车赛事,每年都会吸引各国主要汽车制造厂商的参加,经过 10~12 站的比赛,每站赛两个回合,来竞争年度总冠军的宝座。比赛采用超级 2000 规格的车辆。

7. ROC 世界车王争霸赛

世界车王争霸赛简称 ROC,是世界职业赛车界的重要赛事,聚集了来自世界 F1 赛车、WRC、NASCAR 系列赛及 WTCC 等世界顶尖赛车运动的顶级选手。ROC 是世界车坛名副其实的"武林大会",自诞生以来一直是全球车迷岁末最为瞩目的经典盛会。获得冠军的车手会被授予"王中王"的称号,对于每个车手而言,都是莫大的荣誉。

8. Rallycross 汽车跨界拉力赛

汽车跨界拉力赛 Rallycross 是一种近年来流行的比赛方式,是拉力赛与场地赛相互结合的一种比赛形式,比赛把拉力赛搬进体育场,多辆车同场竞技,带给观众超强的感官刺激。

9. 达喀尔拉力赛

巴黎达喀尔拉力赛简称达喀尔拉力赛，是一个每年都会举行的专业越野拉力赛，被称为勇敢者的游戏、世界上最艰苦的拉力赛。达喀尔拉力赛的过程异常艰苦，赛手白天要经受 40℃ 的高温，晚上又要在零下的低温中度过，为全世界车车迷所热切关注。

10. 勒芒 24 小时耐力赛

勒芒 24 小时耐力赛诞生很多传奇故事，是许多车厂认作为新车测试性能和耐力的比赛。勒芒 24 小时耐力赛同世界一级方程式锦标赛（F1）、世界汽车拉力锦标赛（WRC）并称为世界最著名和最艰苦的三大汽车赛事。自从首届比赛于 1923 年举行以来，除了二战前后未举办，勒芒 24 小时耐力赛从未间断过。

第三节　汽车俱乐部服务

一、汽车俱乐部的类型

1. 汽车俱乐部的意义

汽车俱乐部是由汽车车主及汽车爱好者组成的，旨在传播汽车文化并为其成员提供各种服务的组织。世界上最早的汽车协会——皇家汽车俱乐部于 1897 年在英国诞生，1902 年美国 AAA 汽车俱乐部成立，1904 年 FIA 国际汽车联合会成立，1905 年意大利汽车俱乐部诞生。一般来说，汽车俱乐部不分汽车品牌以及车系。汽车俱乐部主要包含以下服务内容：

（1）出行保障

汽车俱乐部主要的任务是为车主提供出行保障。

（2）提供服务

汽车俱乐部组织要服务于车主，只要是有需求有价值的服务都可以列入汽车俱乐部提供的服务范围。

（3）多种经营

汽车俱乐部在维护车主利益、服务会员的同时，还要开展多种经营，扩大收益，支持汽车俱乐部组织的生存和发展。

2. 汽车俱乐部的性质

（1）社会属性

汽车俱乐部的社会属性要求它为组织成员提供基本保障，满足车主社会归属、权益维护以及价值实现的需要。汽车俱乐部不仅要关心会员、为会员提供出行保障，争取会员权益，还要关心社会，进行安全驾驶教育，促进汽车产业的健康发展。

（2）经济属性

汽车俱乐部不仅要服务会员，而且要开展多种经营，在保障会员服务的基础上扩大收益，以此来支持俱乐部的生存和发展。

3. 汽车俱乐部行业发展特点

（1）从区域化到全国化

汽车俱乐部最基本的要求是能够为车主提供覆盖全国的网络化服务。

（2）从简单化到多样化

汽车俱乐部的服务是一个由简单到多样的过程，从满足车主的保障性服务发展到维护会员的权益性服务和社会的公益性服务，例如参与交通政策、汽车安全、环境保护等方面的公益活动，协助解决人、车、环境的矛盾。

（3）从公益化走向商业化

运用会员资源的巨大财富进行商业价值的开发，以此支持汽车俱乐部组织能够正常运转。

（4）从国内化到国际化

优秀的汽车俱乐部业务可能突破区域、国家的地理限制，组织跨区域活动，促进国家间俱乐部的合作与交流。

4. 汽车俱乐部的类型

俱乐部的服务专业化程度越来越高，主要发展形成了4类汽车俱乐部：

（1）汽车爱好者俱乐部

汽车爱好者俱乐部主要是由具有相同爱好的车主组织起来的俱乐部，如老爷车俱乐部、越野车俱乐部、改装车俱乐部等。

（2）汽车品牌俱乐部

汽车品牌俱乐部主要由拥有同一品牌汽车的车主组成，如克莱斯勒俱乐部、路虎俱乐部等。

（3）汽车救援俱乐部

这种俱乐部主要为车主提供各种及时救援服务，著名的有国际旅游联盟（AIT）、美国汽车协会（AAA）等。

（4）其他汽车俱乐部

按照汽车俱乐部服务的内容，汽车俱乐部服务又可以分为生产型和生活型俱乐部。

生产型俱乐部是指俱乐部为会员提供各种对车辆和车主本人的有关车辆的服务，它的目的是为广大会员解决在使用车辆的过程中所产生的实际困难。

生活型俱乐部则是以会员为主体的各种休闲、娱乐和交友服务。汽车俱乐部是汽车文化的重要形式，它促使汽车文化愈加繁荣丰富。

二、我国汽车俱乐部发展现状

我国汽车俱乐部具有多样性的特点，到目前没有统一的标准。从汽车俱乐部的组建形式、服务内容以及运行特点等几个方面划分，目前大致有以下几类汽车俱乐部。

1. 专业汽车俱乐部

这类俱乐部是按照国外汽车俱乐部的运营模式组建，为驾车人提供救援、保险、维修等专业汽车服务的汽车俱乐部组织，一般都有外部资金注入。

代表性汽车俱乐部有：①大陆汽车俱乐部（CAA），1995 年成立，2003 年底成为（澳大利亚保险集团）IAG 全资子公司，以道路救援为主要业务，同时提供保险、车务、特约商户打折等服务。②北京联合汽车俱乐部（UAA），2005 年成立，由美国 CCAS 公司、联想投资、美国 KPCB 基金等国际著名企业和风险基金联合投资而成，为车主提供全国救援、保险、维修以及酒店预订、机票预订等商务服务。

2. 品牌汽车俱乐部

这是由汽车经销商组织的品牌车主汽车俱乐部，由经销商出资，组织各类活动，开展特惠服务，更多的考虑是维护客户关系。代表性汽车俱乐部有广州本田的"大本营"、奥吉通的"奥迪俱乐部"等，每年经销商会组织开展各类车友活动。

3. 网站汽车俱乐部

这类汽车俱乐部主要依托网站，既以网络为媒介发布各类信息，又以网络为手段组织各类活动。代表性汽车俱乐部有爱卡（X-CAR）俱乐部、搜狐俱乐部、新浪汽车俱乐部、易车网易车会等。这些俱乐部在线上为车友提供论坛区，线下结合汽车商家需求，为车友组织各类活动，从而达到双赢。

4. 听众汽车俱乐部

以广播电台车友听众为对象组织起来的汽车俱乐部，尤其以各地的交通台为主。各地的交通台拥有大量的在线听众，靠广播运营着汽车俱乐部。代表性汽车俱乐部：103.9汽车俱乐部，北京近 400 万机动车车主中，有一半是 103.9 交通台的听众，电台主持人在听众中间不断发起话题、活动，很便利地凝聚了一批忠实的听众。与其他类型的汽车俱乐部相比，它有着独特的优势。

5. 兴趣汽车俱乐部

由具有共同兴趣爱好的驾车人组成的汽车俱乐部，不以车型为主，以兴趣爱好而聚合。代表性汽车俱乐部有：北京目标行动汽车俱乐部，2002 年建立，以特色自驾行程吸引自驾爱好者，收取超值的住宿、餐饮费用，吸引了来自国内外的自驾爱好者。

6. 另类汽车俱乐部

这类俱乐部一般规模较小，以简单的服务项目为主，以老会员为核心，是各类汽车俱乐部中难以扩大会员规模的汽车俱乐部。代表性汽车俱乐部有房车俱乐部，一方面依托汽车修理厂，一方面吸纳热爱房车运动的车友，组织会员活动，每年收服务费，进行拖车、维修等服务，并组织车友自驾等活动。

本章小结

本章学习的目的是使学生理解汽车文化的魅力，以及汽车展会、汽车赛事、汽车俱乐部等汽车文化产业的丰富内涵，提高学生对于汽车文化的兴趣，提高学习汽车专业的积极性。

综合实训与练习

一、问答题

1. 什么是汽车文化，汽车文化在推动汽车产业发展过程中有哪些重要作用？
2. 简述 F1 赛事的基本规则。

二、实训题

分组在网络上下载有关图片，在教室里分组布置一面汽车文化墙，要求做到主题突出、内容协调、布置美观。

第十二章
汽车其他服务

汽车服务面临的是一个构成复杂、跨界领域广泛、变化迅速的价值链。传统岗位所提供的服务，正在被不断转型或是被新的岗位所替代。然而，不管变化多大，为客户利益服务的宗旨不变，围绕着汽车产品的制造和应用的载体不变，学车、买车、开车、停车、救援等服务缺一不可，学车、停车的服务模式也在不断发生变化，网络正在向汽车后市场的所有岗位不断渗透。

教学目的

通过本章学习使学生理解汽车价值链的丰富内涵，了解智能网联技术在汽车后市场服务中的广泛应用。在了解驾驶人培训的一般常识、汽车停车场管理的基本问题、共享汽车的发展现状的同时，了解驾驶人培训的计算机管理系统、停车厂服务智能管理系统及共享汽车智能管理模式的应用；懂得汽车后市场就业岗位的广泛性，提高学习互联网工具的积极性。

教学要求

本章内容建议在老师的指导下，学生在网络上的碎片化学习和教材自学，目的在于提高自适应学习的能力，养成自觉学习、终身学习的好习惯。

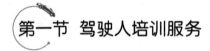

第一节 驾驶人培训服务

一、驾驶执照的申领与准驾车型

1. 驾驶执照的申领与准驾车型

驾驶执照，一般来说客车为 A 照，货车为 B 照，轿车为 C 照，主要可以分为 A1、A2、A3、B1、B2、C1、C2、C3 等。不同的驾驶执照可以驾驶不同类型的汽车（表 12-1）。

表 12-1 不同驾照的准驾车型

准驾车型	代号	准驾的车辆	准予驾驶的其他准驾车型
大型客车	A1	大型载客汽车	A3、B1、B2、C1、C2、C3、C4、M
牵引车	A2	重型、中型全挂、半挂汽车列车	B1、B2、C1、C2、C3、C4、M
城市公交车	A3	核载 10 人以上的城市公共汽车	C1、C2、C3、C4
中型客车	B1	中型载客汽车（含核载 10 人以上、19 人以下的城市公共汽车）	C1、C2、C3、C4、M
大型货车	B2	重型、中型载货汽车；大、重、中型专项作业车	C1、C2、C3、C4、M
小型汽车	C1	小型、微型载客汽车以及轻型、微型载货汽车	C2、C3、C4
小型自动变速器汽车	C2	小型、微型自动变速器载客汽车以及轻型、微型自动变速器载货汽车	
低速载货汽车	C3	低速载货汽车（原四轮农用运输车）	C4
三轮汽车	C4	三轮汽车（原三轮农用运输车）	
残疾人专用小型自动变速器载客汽车	C5	残疾人专用小型、微型自动变速器载客汽车	
普通三轮摩托车	D	发动机排量大于 50mL 或者最大设计车速大于 50km/h 的三轮摩托车	E、F
普通二轮摩托车	E	发动机排量大于 50mL 或者最大设计车速大于 50km/h 的二轮摩托车	F
轻便二轮摩托车	F	发动机排量等于 50mL 或者最大设计车速小于等于 50km/h 的摩托车	
轮式自动机械车	M	轮式自行机械车	
无轨电车	N	无轨电车（叉车）	
有轨电车	P	有轨电车	

2. 申请机动车驾驶证的条件

（1）年龄条件

申请小型汽车、小型自动档汽车、残疾人专用小型自动档载客汽车、轻便摩托车准驾车型的，年龄应在 18 周岁以上，70 周岁以下。

申请低速载货汽车、三轮汽车、普通三轮摩托车、普通二轮摩托车或者轮式自行机械车准驾车型的，年龄应在 18 周岁以上，60 周岁以下。

申请城市公交车、大型货车、无轨电车或者有轨电车准驾车型的，年龄应在 20 周岁以上，50 周岁以下。

申请中型客车准驾车型的，年龄应在 21 周岁以上，50 周岁以下。

申请牵引车准驾车型的，年龄应在 24 周岁以上，50 周岁以下。

申请大型客车准驾车型的，年龄应在 26 周岁以上，50 周岁以下。

（2）身体条件

身高——申请客车、牵引车、城市公交车、大型货车、无轨电车准驾车型的，身高为 155cm 以上；申请中型客车准驾车型的，身高为 150cm 以上。

视力——申请大型客车、牵引车、城市公交车、中型客车、大型货车、无轨电车或者有轨电车准驾车型的，两眼裸视力或者矫正视力达到对数视力表 5.0 以上。申请其他准驾车型的，两眼裸视力或者矫正视力达到对数视力表 4.9 以上。单眼视力障碍，优眼裸视力或者矫正视力达到对数视力表 5.0 以上，且水平视野达到 150 度的，可以申请小型汽车、小型自动档汽车、低速载货汽车、三轮汽车、残疾人专用小型自动档载客汽车准驾车型的机动车驾驶证。

辨色力——绿色盲。

听力——分别距音叉 50cm 能辨别声源方向。有听力障碍但佩戴助听设备能够达到以上条件的，可以申请小型汽车、小型自动档汽车准驾车型的机动车驾驶证。

上肢——拇指健全，每只手其他手指必须有三指健全，肢体和手指运动功能正常。但手指末节残缺或者右手拇指缺失的，可以申请小型汽车、小型自动档汽车准驾车型的机动车驾驶证。

下肢——下肢健全且运动功能正常，不等长度不得大于 5cm。但左下肢缺失或者丧失运动功能的，可以申请小型自动档汽车准驾车型的机动车驾驶证。右下肢、双下肢缺失或者丧失运动功能但能够自主坐立的，可以申请残疾人专用小型自动档载客汽车准驾车型的机动车驾驶证。

躯干、颈部——运动功能障碍。

（3）不得申请机动车驾驶证的情况

有器质性心脏病、癫痫病、美尼尔氏症、眩晕症、癔病、震颤麻痹、精神病、痴呆以及影响肢体活动的神经系统疾病等妨碍安全驾驶疾病的；食、注射毒品、长期服用依赖性精神药品成瘾尚未戒除的；吊销机动车驾驶证未满二年的。造成交通事故后逃逸被吊销机动车驾驶证的；驾驶许可依法被撤销未满三年的；法律、行政法规规定的其他情形。

（4）不得申请增加大型客车、牵引车、中型客车准驾车型的特殊情况

发生交通事故造成人员死亡，承担全部责任或者主要责任的；酒后驾驶机动车的；本记分周期和申请前连续三个记分周期内有饮酒后驾驶机动车行为的；本记分周期和申

请前连续三个记分周期内有驾驶机动车行驶超过规定时速百分之五十以上行为，机动车驾驶证未被吊销的。

3. 申请机动车驾驶证的程序

申领机动车驾驶证的人，应按照下列规定向车辆管理所提出申请：

1）居住地申请：申请者在户籍地居住的，应当在户籍地提出申请。

2）暂住地申请：申请者在暂住地居住的，可以在暂住地提出申请。

3）驻地申请：现役军人（含武警），应当在驻地提出申请。

4）居留地申请：境外人员，应当在居留地提出申请。

5）增加准驾车型申请：申请增加准驾车型的，应当在所持机动车驾驶证核发地提出申请。

6）初次申请驾驶证：初次申请机动车驾驶证，应当：填写《机动车驾驶证申请表》；带好身份证明；提供县级或者部队团级以上医疗机构出具的有关身体条件的证明。

二、驾驶人培训的必要性

1. 驾驶证的获得

机动车驾驶证简称驾驶证，又作"驾照"，是指依法允许学习驾驶机动车的人员，经过学习，掌握了交通法规知识和驾驶技术后，经管理部门考试合格，核发许可驾驶某类机动车的法律凭证。

2. 依法持证驾驶

在道路上驾驶民用机动车辆的人员，须依照《中华人民共和国机动车驾驶证管理办法》申请领取机动车驾驶证。机动车驾驶证全国有效。机动车驾驶证记载持证人的身份证件号码、姓名、性别、出生日期、长期住址、国籍、准驾（学）车型代号、初次领证日期、有效期和管理记录，并有发证机关印章、档案编号和持证人的照片。

为了改善交通环境，降低风险事故率，减少人员伤亡，驾驶汽车必须通过考试持有驾驶证，从汽车发展的早期开始，就是深入人心的观念。

三、驾驶人的培训流程

1）填写机动车驾驶证申请表。

2）拍数码照片并体检。

3）将机动车驾驶证申请表、照片和身份证复印件交至驾驶人培训部。

4）公安交通管理部门受理。

5）领取交通法规考试通知书。

6）学习交通法规、科目一考试并合格。

7）安排上车练习。

8）科目二考试并合格。

9）科目三考试并合格。

10）发放驾驶证。

四、科目考试内容及合格标准

1. 科目一

（1）考试名称

进行道路交通安全法律、法规、相关知识考试，又称理论考试。

（2）考试内容

道路交通安全法律、法规和规章；交通信号及其含义；安全行车、文明驾驶知识；高速公路、山区道路、桥梁、隧道、夜间、恶劣气象和复杂道路条件下的安全驾驶知识；出现爆胎、转向失控、制动失灵等紧急情况时的临危处置知识；机动车总体构造、主要安全装置常识、日常检查和维护基本知识；发生交通事故后的自救、急救等基本知识，以及常见危险品知识。

（3）合格标准

满分为 100 分，成绩达到 90 分的为合格。

2. 科目二

（1）考试名称

考场地驾驶技能。

（2）考试内容

在规定场地内驾驶机动车完成考试项目的情况；对机动车驾驶技能掌握的情况；对机动车空间位置判断的能力。考试项目为桩考、坡道定点停车和起步、侧方停车、通过单边桥、曲线行驶、直角转弯、限速通过限宽门、通过连续障碍、百米加减档、起伏路行驶。

大型客车、牵引车、城市公交车、中型客车、大型货车准驾车型考试项目不得少于 6 项。大型客车、城市公交车必考项目：桩考、坡道定点停车和起步、直角转弯、通过单边桥、通过连续障碍；牵引车准驾车型必考项目：桩考、坡道定点停车和起步、曲线行驶、直角转弯、限速通过限宽门；中型客车、大型货车准驾车型必考项目：桩考、坡道定点停车和起步、侧方停车、通过单边桥、通过连续障碍。其他考试项目随机选取。

小型汽车、小型自动档汽车、低速载货汽车、普通三轮摩托车、普通二轮摩托车准驾车型考试项目不得少于4项。小型汽车、低速载货汽车必考项目：桩考、坡道定点停车和起步、侧方停车；小型自动档汽车必考项目：桩考、侧方停车；普通三轮摩托车、普通二轮摩托车准驾车型必考项目：桩考、坡道定点停车和起步、通过单边桥。其他考试项目随机选取。

科目二考试应当先进行桩考。桩考未出现扣分情形的，补考或者重新预约考试时可以不再进行桩考。

其他准驾车型的考试项目，由省级公安机关交通管理部门确定。

（3）合格标准

满分为100分，设定不合格、减20分、减10分、减5分的项目评判标准。

符合下列规定的，考试合格：报考大型客车、牵引车、城市公交车、中型客车、大型货车准驾车型，成绩达到90分的；报考其他准驾车型成绩达到80分的。

3. 科目三

（1）考试名称

驾驶技能考试。

（2）考试内容

在道路上驾驶机动车完成考试项目的情况；遵守交通法律、法规的情况；综合控制机动车的能力；正确使用灯光、喇叭、安全带等装置的情况；正确观察、判断道路交通情况的能力；安全驾驶行为、文明驾驶意识。基本考试项目为：上车准备、起步、直线行驶、变更车道、通过路口、靠边停车、通过人行横道线、通过学校区域、通过公共汽车站、会车、超车、掉头、夜间行驶。

大型客车、牵引车、城市公交车、中型客车、大型货车、小型汽车、小型自动档汽车、低速载货汽车准驾车型考试项目不得少于10项，必考项目：上车准备、起步、直线行驶、变更车道、通过路口、靠边停车。其中，大型客车、牵引车、城市公交车、中型客车、大型货车准驾车型还应当进行夜间或者低能见度情况下的考试；其他汽车准驾车型还应当抽取不少于20%进行夜间或着低能见度状况下的考试。

省级公安机关交通管理部门可以根据各地实际，增加汽车准驾车型的考试项目，确定其他准驾车型的考试项目。

（3）合格标准

满分为100分，设定不合格、减20分、减10分、减5分的项目评判标准。

符合下列规定的，考试合格：报考大型客车、牵引车、城市公交车、中型客车、大型货车准驾车型，成绩达到90分的；报考其他准驾车型成绩达到80分的。

五、驾驶人培训场所和机构

1. 驾校

（1）驾校

驾校是具有一定资质，对驾驶人按照机动车驾驶人素质教育大纲进行培训的单位。在这里可以学习到驾驶各种机动车辆的驾驶技术，还可以学习交通法规、交通标志等许多理论知识。

（2）教练

驾校教练一般会由取得教练资格的老驾驶人担任，使用车辆安装辅助制动等装置，对于零基础的学习者来说是最好的选择。

2. 驾照考试地点

驾照考试的地点一般为各地的车管所，考试前一般需要网上提前预约。

第二节　汽车停车服务

一、停车场及其分类

1. 停车场

停车场是指从事汽车保管、存放，并可以进行加注、充气和清洁作业的场所。停车场的形式很多，包括：仅画了停车格而无人管理及收费的简易停车场；配有出入栏口、泊车管理员及计时收款员的收费停车场。现代化的停车场常配有自动化计时收费系统、闭路电视及录影机系统。

2. 停车场的分类

（1）按停车车辆性质分类

停车场按停车车辆性质分类，分为机动车停车场和非机动车停车场。机动车停车场是指供机动车停放的场地，包括机动车停放维修场地。非机动车停车场是指供各种类型非机动车停放的场地，主要是自行车停车场。

（2）按停车位置分类

停车场按停车位置分类可以分为路外停车场和路内停车场。路外停车场是指道路用地控制线以外专门开辟兴建的停车场、停车库。

（3）按建筑类型分类

停车场按建筑类型分类可以分为地面停车场、地下停车库和地上停车楼。

地面停车场是指道路范围以外专辟的供车辆停放的空地或广场，主要由出入口通道、停车坪和其他附属设施组成，具有布局灵活、停车方便、管理简单和成本低廉等特点。

地下停车库是指建在地下具有一层或多层的停车场所。结合城市规划和人防工程设施，在不同地区的公园、绿地、道路、广场及建筑物下面修建地下停车库。

地上停车楼是指专门为停放车辆而修建的固定建筑物或利用大型建筑物顶面作为车辆停放的场所。

（4）按服务对象分类

停车场按服务对象分类可以分为公共停车场、配建停车场和专用停车场。

公共停车场是指为社会车辆提供停放服务的、投资和建设相对独立的停车场所。主要设置在城市出入口、外围环境、大型商业、文化娱乐（影剧院、体育场馆）、医院、机场、车站、码头等公共设施附近，面向社会开放，为各种出行者提供停车服务。

配建停车场是指在各类公共建筑或设施附属建设，为与之相关的出行者提供停车服务的停车场（库）。

专用停车场是指建在工厂、行政企事业单位等内部，仅供本单位内部车辆停放的停车场和私人停车场所。

（5）按管理方式分类

停车场按管理方式分类可以分为免费停车场、限时（免费）停车场和收费停车场。

免费停车场：主要是大型商业、饭店宾馆等配套的停车场，为与之相关的出行者提供免费停车服务。

限时停车场是指限制车辆的停放时间，辅以适当处罚措施的停车场。在停车场内设置限时装置，由停车者主动启用，交通警察或值班人员经常来往巡视。

（6）按停车方式分类

根据车辆进出停放的运行状态，停车场基本可划分为自行式停车方式和机械式停车方式两大类。

1）自行式停车方式：指驾驶人将车辆通过平面车道或多层停车空间之间的衔接通道直接驶入（出）停车泊位，从而实现车辆停放目的的方式。自行式停车方式具有停车方便的优点，但行驶通道占用了一定的空间。

2）机械式停车方式：指利用机械设备将车辆运送且停放到指定泊位或从指定泊位取出车辆，从而实现车辆停放目的的方式。机械式停车方式具有减少车道空间、提高土地利用率和人员管理方便等优点。

（7）按管理系统智能程度分类

停车场按管理系统分类可以分为人工管理停车场、半智能管理停车场、全自动智能管理停车场。

二、经营性停车场的建设和管理

1.停车场选址

停车场规划总体原则：与城市总体规划和综合交通规划相协调；性质与规模与停车需求相适应；大城市路外停车场尽可能分散布置，以利于交通疏散；外来机动车公共停车场，应设置在城市的外环路和城市出入口道路附近，主要停放货运车辆；机动车公共停车场的服务半径，在市中心地区不应大于200m，一般地区不应大于300m；自行车公共停车场的服务半径宜为50~100m，并不得大于200m。

2.停车场的审批

如是产权人自行经营停车场，须有：土地使用证；规划许可证明；企业营业执照；税务登记证；停车场车位示意图；经营管理制度；服务规范；消防、工程竣工验收报告及报批申请。

如是产权人委托专业停车管理公司（或具有停车场经营范围的企业）经营停车场，除备齐上述材料外，还需提供委托协议书。

3.停车管理系统

（1）出入控制的挡车系统（图12-1）

挡车器是专门用于道路上限制机动车行驶的通道出入口管理设备，现广泛应用于公路收费站、停车场系统管理车辆通道，用于管理车辆的出入。应用在停车场，可以通过停车场IC刷卡管理系统实现自动化管理，入场取卡放行车辆，出场时，收取停车费后自动放行车辆。

（2）车辆识别系统（图12-2）

即车牌识别系统，将车牌识别设备安装于出入口，记录车辆的牌照号码、出入时间，并与自动门、栏杆机的控制设备结合，实现车辆的自动管理。应用于停车场可以实现自动计时收费，也可以自动计算可用车位数量并给出提示，实现停车收费自动管理，节省人力、提高效率。应用于智能小区可以自动判别驶入车辆是否属于本小区，对非内部车辆实现自动计时收费。在一些单位这种应用还可以同车辆调度系统相结合，自动地、客观地记录本单位车辆的出车情况，车牌识别管理系统采用了车牌识别技术，达到不停车、免取卡，有效提高车辆出入通行效率。

图 12-1　出入控制的挡车系统

图 12-2　车辆识别系统

（3）车位显示系统（图 12-3）

能够引导车辆顺利进入目的车位的指示系统，一般是指在停车场引导车辆停入空车位的智能停车引导系统，由探测器对车位进行检测，通过显示屏显示空车位信息，驾驶人通过该信息，实现轻松停车。

该系统可实现泊车者方便快捷泊车，并对车位进行监控，使停车场车位管理更加规范、有序，提高车位利用率；车场中车位探测采用超声波检测或者视频车牌识别技术，对每个车位的占用或空闲状况进行可靠检测。在每个车位上方安装超声波探测器或者视频探测器即可探测到有无车辆停泊在车位上，管理系统将所有探测信息实时采集到系统中，系统通过计算机实时将引导信息反馈给每个引导指示信号器。

（4）收费系统（图 12-4）

停车场收费系统采用非接触式智能卡，在停车场的出入口处设置一套出入口管理设备，使停车场形成一个相对封闭的场所，进出车只需将 IC 卡在读卡箱前轻晃一下，系统即能瞬时完成检验、记录、核算、收费等工作，挡车器自动启闭，方便快捷地进行着停车场的管理。进场车主和停车场的管理人员均持有一张属于自己的智能卡，作为个人的身份识别，只有通过系统检验认可的智能卡才能进行操作（管理卡）或进出（停车卡），充分保证了系统的安全性、保密性，有效地防止车辆失窃，免除车主后顾之忧。

图 12-3　车位显示系统

图 12-4　收费系统

（5）计算管理系统

记录停车时间、收费计算、停车库车位、车辆图像信息、停车位周转率、平均存取车时间等资料并提供各种数据报表。

第三节　共享汽车服务

一、共享经济与共享汽车

1.共享经济

（1）共享经济的概念

共享经济是指以获得一定报酬为主要目的，基于陌生人且存在物品使用权暂时转移的一种新的经济模式，其本质是整合线下的闲散物品、劳动力、教育、医疗等资源。

（2）共享经济的提出

"共享经济"这个术语最早由美国德克萨斯州立大学社会学教授马科斯·费尔逊和伊利诺伊大学社会学教授琼·斯潘思于1978年发表的论文中提出。他认为共享经济是一个由第三方创建的、以信息技术为基础的市场平台。这个第三方可以是商业机构、组织或者政府。个体借助这些平台，交换闲置物品，分享自己的知识、经验，或者向企业、某个创新项目筹集资金。

经济牵扯到三大主体，即商品或服务的需求方、供给方和共享经济平台。共享经济平台作为连接供需双方的纽带，通过移动 LBS 应用、动态算法与定价、双方互评体系等一系列机制的建立，使得供给与需求方通过共享经济平台进行交易。

（3）共享经济的意义

共享经济将成为社会服务行业内最重要的一股力量。在住宿、交通，教育服务以及生活服务及旅游领域，优秀的共享经济公司不断涌现：从车位共享到汽车共享、专家共享、社区服务共享及导游共享，新模式层出不穷，在供给端整合线下资源，不断为用户提供更优质体验。共享经济的模式已在深深影响着人们的观念和生活。

2.共享汽车

（1）共享汽车概念的出现

共享汽车的概念最早出现在 20 世纪 40 年代，当时瑞士、日本和英国都在短时间内出现过汽车共享这种形式。但由于技术落后，汽车制造商的反对并鼓励消费者购买自己的品牌汽车，共享汽车便逐渐衰落。

（2）共享汽车的行业性质

共享汽车属于汽车分时租赁。分时租赁是指许多人共享一辆车，开车人对车辆只有使用权，而没有所有权，类似于租车行业里的短时间包车业务，过去叫分时租赁大家不易理解，"共享汽车"的表达其实更加准确，也更容易被大家所接受。

（3）共享汽车的积极意义

德国乌珀塔尔市气候环境及能源研究所社会学和汽车问题专家乔治·维尔克认为，"汽车共享"将来可能会发展成为一种日常的用车服务方式，它比传统的租车业务在时间上更灵活、在空间上更分散、在费用上更低廉。中国是人口大国，在人均社会资源非常有限，大型城市限车、限号的情况越来越严格，以及买车、养车成本越来越高，城市停车位饱和等大背景下，汽车消费将是一个困扰社会的新问题。汽车共享属于公共交通出行的补充，是满足自驾出行的主要交通方式。

（4）共享汽车的历史机遇

乘着共享经济的东风，前几年共享汽车重新进入了大家的视野，共享汽车的出现对交通堵塞、节能减排和缓解空气污染有着积极的意义。由于互联网技术的迅速发展，消费者寻找共享汽车、支付租赁费用变得更加智能和方便，共享汽车在人们的生活中有了继续发展的可能性。

（5）共享汽车的优点

第一、共享汽车的最大的优点是省钱和经济，汽车共享可以将车辆的购买和使用费用分摊给多个人，不用一个人独立承担。

第二、共享汽车有助于缓解交通堵塞，以及公路的磨损，减少空气污染，降低对能量的依赖性。

第三、随着时间的推移，人们会扩大汽车共享的规模，到那时，我们就不必大量修建停车基础设施或扩建道路了，这意味着可以获得更多的资源开发公园和城市绿地。而且，共享汽车基本都是共享电动汽车，纯电动车使用时基本无污染。

第四、共享汽车方便快捷，提高人们的生活质量。

第五、有利于促进社会公众道德修养的提升。

（6）共享汽车的障碍因素

目前共享汽车的用户渗透率还不高，无法做到普及。主要原因在于：共享汽车的成本很高，停车问题尚未解决，加上共享产品的通用痛点卫生安全等一系列问题都待逐一解决，监管系统和运营系统也都在完善阶段，共享汽车的普及还有很长的路要走。

二、共享汽车品牌介绍

据不完全统计，到目前为止，国内注册运营分时租赁的企业数量已经达到370多家，实际有车队运营的公司数量超过100多家。除了3~4家大公司投放的车辆数量超过1000辆外，更多的共享汽车品牌投放量不到500辆。

1. EVCARD 共享汽车

环球车享汽车租赁有限公司 EVCARD，属于上海国际汽车城集团旗下，于2016年EVcard 与 e 享天开合并为环球车享。

2. 微公交共享汽车

浙江左中右电动汽车服务有限公司成立于2013年7月，总部位于浙江省杭州市。公司推出的全新绿色公交模式——"纯电动微公交"系统属国内首创。

3. 绿狗租车 GreenGo 共享汽车

由北汽集团及鸿海科技集团共同组建，致力于打造绿色智能城市交通服务体系，从事新能源汽车共享的创新型科技企业。

4. 途歌 TOGO 共享汽车

北京途歌科技有限公司，使用奔驰智能的精灵车型，基于移动互联网的汽车共享出行平台，为用户出行提供安全 / 标准 / 便捷的服务体验。

5. 有车 ur-car 共享汽车

有车（北京）新能源汽车租赁有限公司，由清华大学、东升科技园、北京亿华通科技有限公司共同发起成立，是新能源汽车综合服务提供商，提供全新的新能源汽车服务模式。

6. 易开共享汽车

安徽易开汽车运营股份有限公司，成立于2015年7月，位于安徽省芜湖市，由芜湖市交通投资有限公司、安徽旗翔新能源有限公司和奇瑞新能源汽车技术有限公司强强联手成立。

三、共享汽车运作模式

1. 车型选择

（1）新能源汽车

运作品牌有上汽 Evcard、北汽轻享出行、首汽 Gofun 出行等，优势是节能环保、成本相对低，缺点是充电效率低及电动汽车残值过低。

（2）燃油动力汽车

运作品牌有北京的途歌出行 TOGO、戴姆勒 car2share 等，优势是机动灵活，可以做到随取随停且机动车残值较高，缺点是不环保、出行成本相对较高。

2. 收益模式

押金一般在几百至上千不等。共享汽车又叫分时租赁，通常按时长 + 里程计算；车身广告、APP 弹窗、微信、微博等都可创造一定收益。

3. 使用模式

（1）取车

一般是固定区域取还，如北汽轻享固定点取还。新能源共享汽车由于受充电桩分布限制，大多数是固定点或者区域取还车。

（2）开启

一般有 APP 手机开启、刷卡开启和钥匙开启等方式。用手机扫码开启较为主流，也更为安全。

本章小结

本章学习的目的是使学生通过网络和自学理解汽车价值链的丰富内涵，了解驾驶人培训常识、停车场管理的基本问题、共享汽车的发展现状的同时，懂得汽车后市场就业岗位的广泛性，提高学习互联网工具的积极性，提高学生自适应学习的能力，养成自觉学习、终身学习的好习惯。

综合实训与练习

一、问答题

1. 说说驾驶人考试的基本内容。

2. 简述汽车停车场的基本分类。

3. 简述共享汽车的发展现状及社会意义。

二、实训题

分小组、分区域考察本地区的停车场现状，写一篇关于本区域停车场建设的调研报告，要求说明现状、看到问题，并提出对策建议。

参 考 文 献

［1］阿姆斯特郎，科特勒.科特勒市场营销教程：原书第 6 版.［M］.俞利军，译.北京：华厦出版社，2004.

［2］金，莫博涅.蓝海战略［M］.吉宓，译.上海：商务印书馆，2005.

［3］卢燕，阎岩.汽车服务企业管理［M］.北京：机械工业出版社，2019.

［4］杜吉泽，等.市场分析［M］.北京：经济科学出版社，2001.

［5］赵英勋.汽车概论［M］.北京：机械工业出版社，2012.

［6］鲁植雄.汽车服务工程［M］.北京：北京大学出版社，2010.

［7］科特勒，等.营销管理［M］.9 版.上海：上海人民出版社，1999.

［8］裴文才.二手车评估［M］.2 版.北京：人民交通出版社，2016.

［9］裴文才.汽车营销策划［M］.2 版.北京：机械工业出版社，2018.

［10］金立江，裴文才.汽车市场营销［M］.北京：机械工业出版社，2021.

［11］白建伟.汽车碰撞分析与估损［M］.北京：机械工业出版社，2012.

［12］陈永革.汽车物流基础［M］.北京：机械工业出版社，2006.